京师青年教师出版资助基金
JINGSHI QINGNIAN JIAOSHI CHUBAN ZIZHU JIJIN

TIYU YU JIANKANG JIAOYU DUI ZHONGXUESHENG
TIZHI GANYU DE SHIYAN YANJIU

体育与健康教育对中学生体质干预的实验研究

甄志平◎著

北京师范大学出版集团
BEIJING NORMAL UNIVERSITY PUBLISHING GROUP
北京师范大学出版社

图书在版编目(CIP)数据

体育与健康教育对中学生体质干预的实验研究/甄志平著．
—北京：北京师范大学出版社，2013.6
(京师青年教师出版资助基金项目)
ISBN 978-7-303-14678-9

Ⅰ．①体…　Ⅱ．①甄…　Ⅲ．①体育教育－教学研究－中学②健康教育－教学研究－中学　Ⅳ．①G633.962

中国版本图书馆CIP数据核字（2012）第126282号

营销中心电话　010-58802181 58805532
北师大出版社高等教育分社网　http://gaojiao.bnup.com
电子信箱　gaojiao@bnupg.com

出版发行：北京师范大学出版社 www.bnup.com
北京新街口外大街19号
邮政编码：100875
印　　刷：北京京师印务有限公司
经　　销：全国新华书店
开　　本：148 mm × 210 mm
印　　张：8.25
字　　数：160千字
版　　次：2013年6月第1版
印　　次：2013年6月第1次印刷
定　　价：35.00元

策划编辑：祁传华　　责任编辑：章　正　祁传华
美术编辑：毛　佳　　装帧设计：毛　佳
责任校对：李　菡　　责任印制：孙文凯

序

青少年的体质与健康问题，是关系国家兴亡和民族盛衰的一件大事。因此，党和国家历来就十分关心青少年的健康成长。为此，中共中央国务院于2007年5月7日专门下发了《关于加强青少年体育、增强青少年体质的意义》。教育和体育行政等部门采取了一系列的有效措施落实中央七号文件精神。经过三、四年的努力，我国青少年的体质与健康状况有了一定好转与改善。但从2010年全国学生体质与健康调研结果看，仍不容乐观。虽然大中小学生的形态发育水平继续提高，城乡差异继续缩小，身体素质逐年下降的趋势虽得到一定程度的遏制，但仍然在下降，特别是大学生的身体素质下降更为明显。学生视力不良检出率居高不下且呈现低龄化趋势，肥胖检出率继续上升且向乡村蔓延，等等。这一状况，引起了体育部门和教育部门、学校和社会的高度关注。

在这一背景下，许多体质研究工作者把研究的重点逐渐从对学生体质现状的调查转移到对青少年体质与健康的干预研究上来。甄志平博士的学位论文《体育与健康教育对中学生体质干预的实验研究》，就是以生物学的、心理学的和社会学的视角，探讨了体育与健康教育对改善中学生身心健康、增强其体质的机制、影响维度，以及在体育教育中融入体质与健康干预的形式与方法。

该研究以教育实验研究为主，采用体育健康课和青少年体育俱乐部相结合的综合干预方法，对实验人群进行了体育与健康KAP量表、意志品质简易量表、POMS量表、个人评价问卷及社会适应性自评问卷等调查，观察了实验干预前后学生知、信、行身体素质、体育锻炼感觉、意志品质状况、整体自尊、情绪状况、自信状况、社会适应能力和心理健康等方面的变化。在此基础上构建了“知信行融合统一的发展性体育教育模式”，较系统地论述了这样模式的理论基础、模式目标、目标的实施与评价等。

根据我多年的观察与经验，教育教学实验是多数研究生和导师不敢也不愿意碰的研究题目。一是时间周期长；二是反映实验效果的指标和变量效度要求高；三是影响实验效果的各种因素比较复杂且难于控制。甄志平博士敢于碰这个难题，而且在一所学校一蹲就是一年半载，实属难能可贵。她的收获不在于完成一篇博士论文，也不在于这篇论文的学术水平有多高，按照我的理解，她敢于尝试了，并且在这个过程中取得了很多宝贵经验，包括成功的或失败的，这就足够了。在科学研究不断探索的道路上，需要的正是这种精神。

邢文华
2013年元月

前　言

甄志平

青少年的体质健康状况历来受到党和国家的高度重视。新中国成立六十多年来，党和国家一直非常关心和重视广大学生的身体健康，国家的教育、体育主管部门从鼓励和推动学生积极参加体育锻炼，增强学生体质的目的出发，在不同时期先后制定了《劳卫制》《国家体育锻炼标准》《大学生体育合格标准》《中学生体育合格标准》《小学生体育合格标准》《学生体质健康标准》《国家学生体质健康标准》及《初中毕业升学体育考试办法》等一系列制度。同时，建立了全国范围的三大学生体质监测体系：每五年一次的全国学生体质健康调研（国民体质监测系统）；每两年一次的"全国学生体质健康监测网络"；每年一次的《国家学生体质健康标准》测试。

但是，由于应试教育导向、生活方式改变、家庭教养方式失衡、学生体育锻炼的意识淡薄等主客观原因，我国青少年体质状况喜中有忧：全国学生体质与健康调研结果表明，随着我国经济快速发展，人民生活水平稳步提高，我国学生身体状况总体是好的，形态发育水平持续提高，营养状况逐步改善，低血红蛋白等常见病检出率持续下降；但仍存在一些不容忽视的问题，特别是耐力、速度、爆发力、力量素质水平呈进一步下降趋势，学生超重、肥胖检出率持续上升，视力不良检出率仍然居高不下等问题。

青少年体质水平下降是世界性的问题。科技的飞跃、社会文化的发展、生活方式的转变，迫使人们以一种崭新、多元的视角全面看待体质与社会进步和国家发展的关系。青少年时期是身心健康和各项身体素质发展的关键时期。学校体育的最基本、最主要的任务就是改善和提高学生的体质健康水平。《中共中央国务院关于深化教育改革全面推进素质教育的决定》明确指出，健康体魄是青少年为祖国和人民服务的基本前提，是中华民族旺盛生命力的体现，学校教育要树立“健康第一”的指导思想，切实加强体育工作。

1995年国际教育工作会议指出，健康与教学工作并行，是推动现代学校前进的双轮。由此可见，学生体质干预教育在某种程度上已经成为现代学校体育的重要标志。学校体育教育是通过体育教学使学生获得健康观念，建立有益健康的行为，并为终身健康奠定基础的重要教育形式。体育教育应是学生“习得健康知识——建构健康信念——巩固健康行为——养成健康习惯”的教育过程。将干预理念和技术渗透到体育课程之中，从提高体育课程的科学性、加强体育教育的教学效果，从改变学生的知识——信念——行为入手，调动学校——家庭——社会的多元资源开展学生体质干预研究具有重要的时代意义和研究价值，它反映了辩证唯物主义身心统一的哲学观在体质与健康观念上的确立。

目　录

第一章　学生体质研究综述

一、我国学生体质与健康干预研究综述

体质是人类生命过程中独有的特性。我国医学关于体质的研究渊源已久。《黄帝内经》作为中国古代医学论的经典，不仅详细论述了体质的概念，还阐述了体质与自然、先天、后天等因素的相互关系。强调“形神合一”是生命存在的基本特征：形即形体，神即生命机能，神生于形，形主宰于神，神依附于形，神明则形安。形体健壮则精神旺盛，生命活动正常；形体衰弱则精神衰弱，生命活动异常；形体衰亡，生命便告终结。

随着历史的演变和科学文化的发展，体质的概念也不断地完善和发展。伴随医学、体质人类学、体育学等学科的发展，我国学术界对体质思想的形成和理论体系的建立作出不懈的努力，形成了具有中国特色的体质思想和理论基础。

现阶段相对权威的概念有如下几种：①体质是人群中的个体在遗传的基础上，在环境的影响下，在生长、发育和衰老的过程中所形成的结构、机能和代谢上相对稳定的特殊状态。这种特殊状态往往决定着他的生理反应的特异性及其对某种致病因子的易感性和所产生病变类型的倾向性[①]。②体质是人体的质量，它是在遗传性和获得性的基础上所表现出来的人体的形

---

① 匡调元：《人体体质学》，载《医学体质学》，上海，上海中医学院出版社，1991。

态结构、生理功能和心理状态的综合的、相对稳定的特征[①]。③中医体质学中的体质概念，可以表述为：体质是个体生命过程中，在先天遗传和后天获得的基础上表现出的形态结构、生理机能、心理状态方面综合的、相对稳定的特质。这种特质反映在生命过程中的某些形态特征和生理特性方面，对自然、社会环境的适应能力相对疾病的抵抗能力方面以及发病过程中对某些致病因素的易罹性和病理过程中疾病发展的倾向性等方面。体质现象是人类生命现象的一种重要表现形式，它具有个体差异性、群类趋同性(群类性)与相对稳定性和动态可变性等特点[②]。

(一)我国学生体质监测系统与指标演进评价

1. 我国学生体质监测系统与指标演进评价

新中国成立以后，党和政府十分关心学生体质和健康，《中华人民共和国宪法》规定："国家培养青年、少年、儿童在品德、智力、体力等方面全面发展"，要求各级政府、学校、家庭高度重视学生体质健康状况。

(1)我国学生体质监测系统。

1979年我国对16个省市近20万汉族大、中、小学生进行了体质调查研究。为了进一步了解我国大、中、小学生的健康状况和体质发展变化状况，自1985年开始，每5～6年开展一次全国学生体质健康调研，至今已进行5次，分别在1985年、1991年、1995年、2000年、2005年，第六次调研工作已于2010

① 陈明达、于道中：《实用体质学》，北京，中国协和医科大学，北京医科大学联合出版社，1993。

② 王琦：《中医体质学》，北京，中国医药科技出版社，1995。

年启动。全国学生体质健康调研覆盖 31 个省、自治区、直辖市 6～22岁在校大、中、小学生。调查采用整群抽样，即首先确定调研点校，再以年级分层，以班为单位随机整群抽样。历年调研点校原则上要求保持一致。检测指标包括形态、机能、素质、健康状况(视力、龋齿、血红蛋白、粪蛔虫卵)以及青春期发育指标(男生首次遗精、女生月经初潮)等共 27 项指标。

表 1-1-1-1　三大学生体质监测系统的测试特点比较

系统分类	系统性质	样本来源	监测时间	监测范围	系统任务
全国学生体质健康调研	学生体质健康调研系统	分层整群抽样	每五年一测	全国 31 个省市自治区 7～22 岁学生	(1)国民体质监测系统有机部分 (2)体质健康现状及发展趋势 (3)发布学生体质健康信息 (4)指导学校体育卫生工作
全国学生体质健康监测网络		分层整群抽样	每两年一测	北京、山西、内蒙古、辽宁、黑龙江、江苏、福建、河南、湖北、湖南、广东、重庆、云南、西藏、甘肃、新疆 16 省市自治区 7～22 岁学生	(1)及时掌握体质健康的发展动态 (2)为科学决策，改进学校体育卫生工作提供依据 (3)客观评价学校体育卫生工作质量和效果

续表

系统分类	系统性质	样本来源	监测时间	监测范围	系统任务
国家学生体质健康标准	学生体质健康干预系统	大中小学全体学生	每年一测	全国 7～22 岁大中小学校学生	(1)中国学生体质健康监测、干预、反馈系统 (2)个体或团体体质评价、追踪 (3)个体或团体体质健康指导 (4)中国学生体质健康信息共享

(2)全国学生体质健康监测网络。

由教育部体育卫生与艺术教育司组织，自 2002 年开始，通过建立“全国学生体质健康监测网络”，每两年一次对我国 7～22岁在校学生体质健康状况进行调查，目的是掌握发展动态，为学校体育卫生及教育学的科学研究提供基础资料，为评价、改进学校体育卫生工作提供科学依据，同时建立两年一次的教育部学生体质健康状况公告制度。“全国学生体质健康监测网络”由学生体质健康监测中心、学生体质健康监测站、学生体质健康监测点学校组成。监测中心挂靠北京大学儿童青少年卫生研究所，监测站分布在北京、内蒙古、辽宁、黑龙江、江苏、福建、河南、湖北、湖南、广东、云南、重庆、甘肃、新疆 14 省(自治区、直辖市)，2004 年在新疆、西藏和山西新建立 5 个监测站，目前共 43 个监测站。监测采用整群抽样调查方法，确定监测点校后(原则上沿用 2000 年全国学生体质健康调研点校），再以年级分层，以班为单位随机整群抽样。检测项目包括身高、体重、胸围、肺活量、握力、台阶试验、50米跑、立定跳远、1分钟仰卧起坐、坐位体前屈、视力、龋齿。

(3)《国家学生体质健康标准》。

进入21世纪以来，我国综合国力有了极大提高，人民的生活水平发生了翻天覆地的变化，越来越多的中国人开始享受科学技术和现代文明所带来的便捷、舒适的现代生活。现代文明在带给人们充分的物质享受的同时，也给人类的健康带来了新的威胁。由于精神紧张、营养过剩、运动不足、环境污染等因素所引发的非传染性疾病在全球不断蔓延，处于“亚健康状态”的人群不断地扩大。对于学生来说，升学压力大、睡眠不足正成为影响他们身心健康的重要因素；生活水平的普遍改善，热量、脂肪等摄入过多及食物结构的不尽合理，加之营养科学知识的宣传普及滞后，沉重的课业压力使得学生余暇锻炼时间减少，导致肥胖发生率的不断增加。为了解决这些问题，适应社会发展以及人们对健康的迫切需要和对生活质量的不断追求，必须从青少年儿童的健康抓起。

为贯彻落实“健康第一”的指导思想，切实加强学校体育工作，促进学生积极参加体育锻炼，养成良好的锻炼习惯，提高体质健康水平，2007年4月教育部、国家体育总局在《学生体质健康标准(试行方案)》的基础上，制定《国家学生体质健康标准》(下简称《国家标准》)。它是《国家体育锻炼标准》的有机组成部分，是《国家体育锻炼标准》在学校的具体实施，是国家对学生体质健康方面的基本要求，适用于全日制小学、初中、普通高中、中等职业学校和普通高等学校的在校学生。该标准从身体形态、身体机能、身体素质和运动能力等方面综合评定了学生的体质健康水平，是促进学生体质健康发展、激励学生积极进行身体锻炼的教育手段，是学生体质健康的个体评价标准。学校每学年对学生进行一次《国家标准》的测试。

《国家标准》指出：用3年时间，使85%以上的学校能全面实施《国家标准》，使85%以上的学生能做到每天锻炼1小时，达到《国家标准》及格等级以上，掌握至少2项日常锻炼的体育技能，形成良好的体育锻炼习惯，体质健康水平切实得到提高。教育部将进一步完善学生体质健康和学校体育的评价制度，全面实施《国家标准》，建立测试报告书制度，并将其作为学生毕业升学的重要依据。

表 1-1-1-2　三大学生体质监测系统的测试指标比较

检测指标		全国学生体质健康调研	全国学生体质健康监测网络	国家学生体质健康标准
形态	身高	●	●	●
	坐高			
	体重	●	●	●
	胸围	●	●	
	腰围	●	●	
	臀围	●	●	
	皮褶厚度	●		

续表

	检测指标	全国学生体质健康调研	全国学生体质健康监测网络	国家学生体质健康标准
机能	安静脉搏	●		
	血压	●		
	肺活量	●	●	●
	台阶试验	●	●	●
素质	50 米跑(25 米×2 往返跑)	●	●	●
	立定跳远	●	●	●
	坐位体前屈	●	●	●
	1 分钟仰卧起坐(女)	●	●	●
	引体向上(男)	●		●
	握力	●	●	●
	斜身引体(男)	●		
	400 米跑(50 米×8 往返跑)	●	●	●
	1000 米跑(男)	●	●	●
	800 米跑(女)	●	●	●
运动能力	投沙包			●
	掷实心球			●
	跳绳			●
	踢毽子			●
	篮球运球			●
	足球运球			●
	排球垫球			●

续表

检测指标		全国学生体质健康调研	全国学生体质健康监测网络	国家学生体质健康标准
健康指标	内科检查	●	●	
	视力	●	●	
	龋齿	●	●	
	血红蛋白	●		
	粪蛔虫卵	●	●	
	月经初潮	●		
	首次遗精	●		
问卷调查		●	●	

（注：依据《国家学生体质健康标准解读》，教育部《关于开展2008年学生体质健康监测网络监测工作的通知》，教育部、国家体育总局、卫生部、国家民委、科技部、财政部关于印发《2010年全国学生体质健康调研实施方案》的通知整理。）

2. 我国学生体质监测指标演进历程

表1-1-1-3反映了近30年我国学生体质研究指标体系的变化情况。由该表可见，学生体质调研指标的选取与设置总体呈现出形态、机能指标稳中有降，素质指标稳中有升，医学指标相对恒定的特点。

综观学生调研的指标设置及其变化情况，可清晰地发现学生体质测试指标的变化与我国社会、经济、文化的发展有着密切的关系。例如，1979年的体质调研，采用横向比较研究，着重测查青少年身体形态、机能、素质的特点及城乡、地域差异和发展规律。自1985年起，学生体质调研加入健康检查的医学类测查指标，使指标体系更为全面。而后，随着我国物质生活水平不断提高，青少年肥胖比例上升，生长发育提前，检测肥胖的皮褶厚度、去脂体重及反映青少年性发育的指标先后被纳入研究之列。从我国学生体质研究指标体系的演进历程说明，学生体质研究的指标体系是一个动态、发展的系统，随社会、经济、文化的发展和青少年身心的总体变化而变化。

表 1-1-1-3 我国 1979～2005 年 6 次学生体质调研指标体系一览表

指标	1979 年	1985 年	1991 年	1995 年	2000～2005 年
形态	身高、体重、胸围、坐高、上臂紧张围、上臂放松围、上肢长、手长、肩宽、盆宽、小腿长、加足高、足长、大腿围、小腿围	身高、体重、胸围、坐高、肩宽、骨盆宽	身高、体重、胸围、坐高、肩宽、骨盆宽	身高、体重、胸围、坐高、肩宽、骨盆宽、皮褶厚度	身高、体重、胸围、坐高、肩宽、骨盆宽、皮褶厚度
项数	15	6	6	7	7
机能	脉搏、血压、肺活量	脉搏、血压、肺活量	脉搏、肺活量、收缩压、舒张压(变音)、舒张压(消音)、月经初潮(女)、首次遗精(男)	脉搏、血压、肺活量、月经初潮(女)、首次遗精(男)	脉搏、血压、肺活量、月经初潮(女)、首次遗精(男)

续表

项数	3	3	7	5	5
素质	1分钟仰卧起坐、60米跑、曲臂悬垂、立定跳远、50米*8往返跑	50米跑、引体向上、斜身引体、仰卧起坐、立定跳远、1000米跑，800米跑、立位体前屈，50米*8往返跑	50米跑、引体向上、斜身引体、仰卧起坐、立定跳远、1000米跑，800米跑、立位体前屈，50米*8往返跑	50米跑、引体向上、斜身引体、仰卧起坐、立定跳远、1000米跑，800米跑、立位体前屈，50米*8往返跑	50米跑、引体向上、斜身引体、仰卧起坐、立定跳远、1000米跑，800米跑、立位体前屈、50米*8往返跑、握力、背肌力
项数	5	9	9	9	11
医学检查	—	视力、沙眼、心脏、肺、肝脾、神经衰弱、龋齿、脊柱侧弯	儿(内)科体检、视力、龋齿、血红蛋白、粪蛔虫卵	儿(内)科体检、视力、龋齿、血红蛋白、粪蛔虫卵	儿(内)科体检、视力、龋齿、血红蛋白、粪蛔虫卵
项数	0	8	5	5	5
合计	23	26	27	26	28

3. 我国学生体质健康调研述要

我国大规模的学生体质测试始于1979年。该次学生体质健康调研共对16个省、市20多万汉族学生进行了包括形态、机能、素质等方面23项指标的测试(见表1-1-1-3)，建立起中国学生身体形态、机能和素质的基础数据库。此后相继于

1985 年、1991 年、1995 年、2000 年、2005 年分别对全国 31 个省、市 7～22 岁学生进行了测试和调研，通过了“五年一大测，每年一小测”(每五年进行全国横剖面大规模的测试，每年进行监测点校的抽样测试)定期对学生体质进行横、纵向研究的部署。这一系列的学生体质调研工作，对动态观察学生体质变化，了解学生的体质健康现状及发展趋势、指导学校体育卫生工作具有重要意义，标志着全国学生体质调研走上了系统化、科学化和规范化的轨道。

1985 年的调研是继 1979 年 16 个省(市)青少年体质调研后，由教育部和原国家体委等共同领导的全国首次大规模学生体质调研工作，共调查了 29 个省、自治区、直辖市的 28 个民族 7～22 岁学生 902 337 人，测试指标(包括)身体形态、机能和素质共 20 项，健康指标有 9 项。本次调查规模之大，测试指标之多，在世界上也较为罕见，特别是对少数民族学生体质的大规模调研，填补了我国(体质调研)的空白。

1991 年是我国首次开展全国学生体质与健康监测工作，本次监测涉及全国 29 个省(区)的省会城市及郊区 7～22 岁城乡大中小学校汉族学生和 17 个少数民族的中小学生，测试人数达到 242 667 人，监测指标包括形态、机能、素质和健康共计 26 项指标。

1995 年的调研是我国第四次全国规模的学生体质与健康调研，调查范围覆盖了全国 30 个省(区、市)，涵盖汉族和 20 个少数民族学生，调查人数为 308 788 人，其规模仅低于 1985 年。调研内容和抽样方式与 1985 年相同。

2000 年和 2005 年是为我国第五、第六次大规模学生体质与健康调研。从 2000 年始，学生体质调研工作(7～19 岁人群)纳入到中国国民体质监测系统中，其调查内容、范围和抽样模式与1985年相同。

(二)我国学生体质健康现状及成因

《中共中央国务院关于深化教育改革全面推进素质教育的决定》指出：健康体魄是青少年为祖国和人民服务的基本前提，是中华民族旺盛生命力的体现。学校教育要树立“健康第一”的指导思想，切实加强体育工作。我国学生体质健康现状与国家对体育教育工作的要求相差甚远，表明学校体育工作在促进学生体质健康发展方面还有许多问题亟待研究。

1. 中学生体质健康现状

依据教育部关于2005年全国学生体质与健康调研结果公告(2006年3月，教育部网站)资料，我国学生体质与健康的主要特征和存在的问题如下。

(1)主要特征。

形态发育水平继续提高：我国汉族城乡学生的身高、体重和胸围的生长水平继续呈现增长趋势，如：与2000年相比，7～18岁城男、城女、乡男、乡女身高分别平均增长0.70厘米、0.31厘米、1.00厘米和0.69厘米，体重分别平均增长1.52千克、0.82千克、1.32千克、0.92千克，胸围分别平均增长0.24厘米、0.14厘米、0.26厘米和0.16厘米。19～22岁城男、城女、乡男、乡女身高分别平均增长1.05厘米、0.76厘米、1.31厘米和0.88厘米，体重分别平均增长1.51千克、0.47千克、1.42千克、0.16千克，胸围无明显变化。调研结果同时显示，1985年到2005年的20年来，我国城乡大中小学生形态发育水平持续提高，并表现出生长速度加快、生长水平提高、青春期发育提前等现象，尤其是城市男女生，身高生长长期趋势的增长方式已表现为成年身高的增长。

学生营养状况继续改善：我国城乡学生低体重及营养不良检出率进一步下降，营养状况继续得到改善，重度营养不良基本消除。如：7～22岁汉族城男、城女、乡男、乡女低体重及营养不良检出率分别为21.61%、32.74%、25.79%、34.15%，比2000年分别下降了2.1个百分点、1.5个百分点、1.3个百分点、1.3个百分点。

学生握力水平提高：我国城乡学生的握力进一步提高，2005年与2000年相比，7～18岁汉族城男、城女、乡男、乡女分别平均提高2.61千克、2.11千克、2.60千克、1.95千克；19到22岁汉族城男、城女、乡男、乡女分别平均提高1.26千克、0.82千克、0.93千克、1.41千克。

常见疾病的患病率继续下降：低血红蛋白检出率持续下降，蛔虫感染率降低，龋齿患病率继续下降。

(2)学生体质与健康存在的主要问题

肺活量水平继续呈下降趋势：我国大、中、小学生各年龄组肺活量水平继续下降。2005年与2000年相比，7～18岁汉族城男、城女、乡男、乡女的肺活量水平分别平均下降285毫升、303毫升、237毫升、259毫升，19～22岁汉族城男、城女、乡男、乡女肺活量水平分别平均下降160毫升、238毫升、161毫升、225毫升。

速度、爆发力、力量耐力、耐力素质水平进一步下降，不同指标下降幅度呈现不同特点：2005年与2000年相比，汉族学生速度素质(50米跑)除少数年龄组无变化以外，有约87%的年龄组出现下降。我国大、中、小学学生的爆发力素质(立定跳远)呈现全面下降。力量耐力素质的测试指标视不同年龄—性别组而定，7～12岁小学男生测试斜身引体，13～22岁大、中学男生测试引体向上，7～22岁女生测试一分钟仰卧起坐。调研结果显示，2005年与2000年相比，除小学男生外，大学、中学男生引体向上成绩、城乡女生一分钟仰卧起坐成绩均有所下降。各年龄阶段学生的耐力素质呈现全面下降的趋势。7～22岁汉族学生中超重与肥胖检出率的继续增加，成为影响学生营养健康状况的另一大因素。2005年各学段城乡学生视力不良检出率分别为：小学生为31.67%、初中生为58.07%、高中生为76.02%、大学生为82.68%，视力不良检出率仍然居高不下。

调研结果显示，少数民族学生体质与健康状况变化情况与汉族学生基本一致，即：少数民族学生生长发育水平、营养状况与汉族学生同步增长、同步改善。2005年与2000年相比，大多数少数民族学生的身高、体重、胸围等形态指标呈持续增长趋势，7～18岁学生中的营养不良和较低体重检出率明显下降。汉族学生在体质健康方面存在的问题，少数民族学生同样存在。另外，少数民族学生生长发育的增长虽然与汉族学生同步，但部分少数民族学生生长发育的绝对水平仍然较低，与汉族学生相比，仍然有较大的差距。

目前，我国约有1亿中学生。梁启超曾经说过："少年强则中国强，少年弱则中国弱。"这句话包含着朴素的真理。我国学生体质的好坏，是一件事关国家兴衰、民族强弱的大事。

面对青少年体质下滑的严峻形势，中共中央、国务院下发《关于加强青少年体育增强青少年体质的意见》，指出：通过5年左右的时间，使我国青少年普遍达到国家体质健康的基本要求，耐力、力量、速度等体能素质明显提高，营养不良、肥胖和近视的发生率明显下降。增强学生体质，是时代赋予体育教育工作者的一项光荣而艰巨的任务，应站在国家和民族未来发展的高度，以强烈的使命感和责任感，积极行动起来，扎扎实实地做好增强学生体质的工作。

2. 中学生体质下降探因

(1)学生追求自身体质健康的主观愿望不强烈，主动参与体育锻炼的意识淡化。

随着学生年龄的增长、身体的发育、心理的发展，学生对体育活动的态度、兴趣发生了一系列的变化。仅从兴趣出发为运动而运动，为游戏而游戏的情况越来越少。其实学生对体质健康与自身学习生活和未来发展的重要性也心知肚明。但是，为了自身体质健康这一愿望而付诸实际行动，主动、经常并有目的地进行体育者少之又少。加之当前学习负担过重，升学竞争激烈，体育运动场所及器材的限制，其良好体质健康的愿望被自我搁浅，从而淡化了体育锻炼的意识。

(2)教学一线教师缺乏对“素质教育”内涵的全面理解，尤其是对“体育”的理解。

“素质教育”是指依据人的发展和社会发展的实际需要，以全面提高学生的基本素质为根本目的，以尊重学生主体性和主动精神，注重开发人的智慧潜能，注重形成人的健全个性为根本特征的教育。总之不管什么形式的教育，所有一线教师都应坚持以人为本的教育思想，其目的是教会学生如何做人、如何学习、如何健身。假如我们的一线教师能真正地用全面的、发展的、科学的眼光来看待素质教育，就不会使素质教育成为“分数教育”的代名词，也不会把教育变成一种枷锁无形地套在学生的身上，更不会仅仅为了追求学生的成绩和升学率以不惜牺牲青少年学生的身心健康为代价，忽视对他们思想教育的培养。

“体育”是素质教育中一个不可缺少的重要组成部分。它直接关系着青少年学生体质的好坏，而青少年学生体质的好坏直接影响着一个国家、一个民族的竞争力，这绝不是危言耸听。我们不能片面地理解“体育”，体育不仅能使学生身体强壮，也是强心之育，规则之育。毛泽东曾经说过：“德、智皆寄寓体，无体便无德智也。”全体一线教师必须牢固树立“健康第一”的指导思想，把健康第一真正落实到实际行动上来，为学生的可持续发展保驾护航。体育教师的当务之急是充分利用一切体育教学活动、各种形式的体育课外活动和比赛培养青少年学生形成良好的体育习惯，将锻炼身体变成学生自觉的行为。一个人在青少年时期是否能够形成良好的体育习惯，不仅与自身身体的生长发育水平、个性形成和未来社会化程度有着直接关系，对是否能够终身进行体育锻炼，一生能否健康幸福的生活都有极其重要的意义。

(3)青少年学生的家庭也应该为青少年学生体质的持续下降买单。

我国目前的这一代青少年学生，绝大部分是独生子女，同时又正好赶上了我国经济少有的高速发展、GDP 连年攀升、人民生活水平不断提高的阶段。许多学生的家长把对孩子的教育、关心和照顾局限于生活和物质上，形成了注重物质生活，忽视强身健体；抓子女文化素质，轻子女身体素质；关心子女身体健康，又忽视体育锻炼的怪圈。

(4)现行教育体制下的“唯分数论”的“教育病”和“唯金牌

论”的“体育病”是造成青少年学生体质持续下降的根源①。

①“唯分数论”的“教育病”。

20世纪50年代学校考核体育课程达标的标准是“劳动与保卫祖国”，简称“劳卫制”标准，1989年开始执行“体育达标标准”，2004年改为“学生体质健康标准”。近几年来学生体能水平不断下降的现状是现行教育体制下的必然产物。“唯分数论”的“教育病”席卷全国各级各类中小学校。在以分数、升学率的高低作为评判一名教师、一个班级、一门学科、一个学校、一个县、一个市乃至一个省教学水平高低的唯一标准的背景下，上至各级教育行政主管部门，下至一线教师，千方百计地挤出和占用学生一切可以挤出和占用的时间，挑战学生的生理和心理极限，挖掘学生尽可能多的潜能。如，人为地减少学生的体育课、体育活动课的课次，压缩课间的休息时间，甚至随意缩短学生每天8小时的睡眠时间，牺牲学生的周末和寒暑假休息……把尽可能多的时间交给文化课程，以不惜牺牲学生的健康为代价，求得尽可能高的考试分数和升学率。

②“唯金牌论”的“体育病”。

在国内外各种大大小小的体育赛事中，中国运动员摘金夺银，而中国青少年的体质健康近年来却持续下降，这至少能说明举国体制下的“精英体育”现状。也许这与青少年体质健康的持续下降并没有太大的联系，但一边是金牌数的直线飙升，另一边却是亿万青少年体质的持续下降，此两种状况值得深思。

青少年教育上的较量是国家未来的较量，青少年的隐患是

---

① 缪书岳：《谁为学生体质健康水平持续下降埋单》，人教网，2008-04-28。

民族未来的隐患。学生、教师、家长、全社会和各级教育行政主管部门，只有坚持德、智、体、美、劳全面发展的教育方针，坚持“健康第一”的指导思想，大力推进学校体育的“三个转变”，整体联动，全员参与，才能真正把青少年学生体质回归到健康的水平上来。

早在1917年，毛泽东在“体育之研究”中就指出：“体育于吾人实占第一之位置，体强壮而后学问道德之进修勇而收效远”。“体育之效，至于强筋骨，因而增知识，因而调感情，因而强意志”。笔者认为确定体育教学的任务，应从增强学生体质这一根本出发。在体育教学中，增知识、调感情、强意志的效益是在强筋骨的过程中获得的，所以体育课必须从增强学生体质出发来组织整个教学过程，在教学中确立“健康第一”的主导思想，是实现学生体质根本好转的关键。《体育与健康课程标准》中把学生的健康和增强学生体质放在首位，认为“评定学校体育工作的成绩，最根本的是看学生的体质是否有所增强”。

(三)中学生体质研究的局限性分析

对中学生的体质进行干预和教育，特别结合体育教育对其情感、意志、性格、社会适应等诸多与心理健康密切相关的非智力因素的教育和引导是学校教育的重要责任。前人在该领域的研究，对梳理中学生体质水平，明确身心健康的基本概念，掌握学生身心发展变化的规律作出了重要的贡献，也为后续研究奠定了坚实的理论基础。但是在应用这些研究成果时，也需要分析其存在的局限性，为拓展并深化中学生身心干预方法寻找契机。这些局限性主要反映在以下几个方面。

第一，学生体质研究存在调查研究多而实证研究少的现象，特别是与心理健康相结合的综合干预研究较少。目前较有影响的中学生心理健康的实证研究包括：周凯的“学校生活技能教育对提高学生心理健康的干预研究”、沃建中等人的“中小学生心理素质建构及培养”的研究等。

第二，当前学生日益增长的多样化体育需求与体育教学内容和质量、保障措施和体育健身资源之间的矛盾，尤其是目前实效性较强的“个性化”科学健身的课内外体育教育与体质促进体系还未形成，突出表现在体育课程健身指导的科学性和针对性还不能满足学生体质发展的需求。

第三，体育课程中体质评价方法和技术还不能满足学生在健身锻炼过程中具有人群特征，针对性强的运动能力评价和健身效果评价等，突出表现在学生体质评价方法敏感性和鉴别能力还有待于提高，忽视体育课程的过程评价和阶段反馈等。

第四，学生健身服务平台和相应信息系统的开发还未实现，学生还无法及时从学校相关部门获得体质评价、运动风险评价和其他相关信息，其结果是不同程度地降低了学生健身的效益。

第五，体质研究中对问题的深入探讨及调查数据的深层次挖掘不够，未能很好地将宏观因素与微观因素、研究与现实相结合，真正做到理论联系实际。

第六，中学生身心健康测量工具的运用较为庞杂，缺少具有广泛代表性、较好的文化适应性及较强的测查敏感性的心理健康量表。

第七，受应试教育的影响，针对中学生心理健康测量的维度和指标多以与学生学业成绩相关的领域为主，缺少具有较强的人本关怀特征的身心整体性测评研究。

第八，国外有关健康干预和行为转变的健康促进理论和教育模式未能在我国的学生健康研究中得到重视和应用。

第九，体育教育尚未充分在学生心理健康促进领域发挥其理论上的重要作用，相关的具体教育方式、方法、评价等一系列问题有待进一步研究。

第十，心理发育和社会适应是学生体质研究的重要领域，全面掌握广大学生的心理健康状况是我国学生体质研究的重要课题。但是该领域研究目前仍处于指标探索阶段。

总体而言，众多学者就中学生的体质提出了许多有价值的理论构想，并开展了相应的测量与检验。但是比较而言，围绕中学生体质进行以体育教育和健康教育相结合的实证性综合干预研究仍然较少。我国基础教育课程改革中《体育与健康课程标准》把对学生的身心健康教育放在突出的位置。这为本文提供了必要的研究平台和教育切入点。此正是本研究选择在体育与健康教育的情境下开展体质综合干预的主要原因。

二、国外学生体质及健康干预研究

(一)国外学生体质研究综述

世界上最早的体质测试始于1880年美国推行的体质测试法。百余年来，世界发生了巨大变化，人类生存观和价值观随着社会的发展在不断更新。体质测试作为强国强民的重大社会对策，也在社会的变革中同步发展，愈发与人类的生存密切相关，并对社会政治与经济的发展、对体育事业的发展，以及促进各国国民健康方面显示出了特有的功能和强大的生命力。各国政府对健康测试和健身计划在国家发展、提高国民素质方面的巨大作用具有极高共识，都把其置于利国利民的高度重视下予以研制和实施。19世纪末，各国先后推出身体素质测试的健身计划，并在各国形成制度推行，同时在不断进行动态研究中加以修订完善。到1989年，全世界已有80多个国家公布了“大众体育发展纲要”。各种大众体育的健身计划和增强国民体质的健康措施更是在世界范围内得到普及。20世纪60年代，随着产业技术革命导致的“文明病”的出现，以鼓励全民健身为宗旨的“大众体育”浪潮在工业发展国家的不断兴起，并逐渐形成国际化的潮流，至20世纪七八十年代，体质测试和健身计划在世界许多国家已十分盛行，与身体素质测验制度并存发展。

1. 美国

(1)美国体质测试缘起。

美国教育的目标着重于体质的发展与维系。1879年哈佛大学的萨尔金特针对人类的身体架构与功能，设计出一套属于适用个人的运动处方身体训练课程。当时，他对“体质”所下的定义是身体能适应于工作、游戏以及任何人类可能做得到的事。萨尔金特的健康适能观念明显超越他所处的年代。而后两次世界大战的压力驱使美国重视体质教育。学校因为应战争政策所需，将学校体育课程内容修改为军事训练课程。20世纪50年代初期的体质受研究三大发现所影响：①征召入伍的新兵，常因身体或心理缺陷等问题，无法通过入伍检验。这项发现促使美国政府再度重视国民身心健康与适应能力问题；②从死于韩战的年轻军人病理解剖中，发现冠状动脉疾病问题；③Hans Kraus以美国儿童的肌力表现对照于欧洲儿童，结果发现美国儿童肌力表现逊于欧洲儿童。

(2)美国体质研究的主要阶段。

美国国民体质研究紧密结合学校体育课程，在各州的各学校都实施具有地方特色的健身计划，从而推进国民健康。其体质研究大致分为三个阶段。

第一阶段(1958 年以前)：引起重视阶段。早在 19 世纪 80 年代后期，美国就有许多学校进行了 Fitness Test，但最引起重视的是 1954 年 Krus 采用的 Krus-Weber 测试，出现了震惊艾森豪威尔总统的报告，随后就成立了青年体质总统委员会(现更名为体质与运动委员会，PCPFS)。1958 年由各组织联盟共同设计了 7 项指标：50 码跑、600 码跑、立定跳远、垒球掷远、往返跑、引体向上、仰卧起坐，对全国青少年体质进行普查。同时，全国范围内相应的锻炼标准和测试指标的研究也开始启动。

第二阶段(1959 年至 1985 年)：争鸣阶段。1958 年后，又于 1965 年、1975 年进行了全国普查。在此期间，相应机构对体质研究的定义、内容、指标设置等都进行了争论，对前期偏重于运动能力的测试提出种种问题，认为垒球掷远主要反映投掷技巧，而非个人力量，1975 年将垒球掷远和穿梭跑取消，并且认为 600 码跑不能用于测试心肺功能。通过争论，美国卫生、体育、娱乐、舞蹈联合会(简称 AAHPERD)最后对 Fitness 作了新的解释，并对测试指标进行了修订，于是在 1985 年将立定跳远和 50 m 冲刺跑也删除，最后将指标定为 1 分钟跑或 9 分钟跑、仰卧起坐、直腿坐位体前屈和三头肌、肩胛下肌测定 4 项。同时在 1980 年公布了“有关增强体质与预防疾病的国家标准”。1985 年，体质与运动委员会在联邦健康部门的资助下，又进行了全国学校人口体质普查，以后每 10 年对青少年进行一次体质普查。

第三阶段(1985 年以后)：规划发展目标阶段。1985 年后，美国开始制定发展目标，1988 年推行了《最佳健康计划》，测试项目为：1 分钟跑或走→心肺功能；皮脂厚度、身体密度指数→肥胖等；坐位体前屈→柔软；引体向上→肌肉的力量和耐力。1990年、2000年又分别推行了“健康国民2000”和“健康国民2010”的十年规划，以此倡导国民锻炼，以期提高国民体质水平。

2. 日本

(1)日本体质测试缘起。

日本20世纪60年代是战后经济发展最快的一个时期。经济的高速发展加速了日本社会的变动，文明病激增，国民体质健康急剧下降。越来越多的国民开始关心体育。1964年，日本政府发表《关于增强国民体质健康的对策》，以内阁和总理府为核心综合协调有关部门，从改善保健和营养条件，普及国民体育入手，增强国民的体育健康，同年开始了“体力测试”并运用于国民的体质现状调查之中。

(2)日本体质研究的主要阶段。

日本是青少年儿童体质调研资料最全的国家，他们把体质称为体力，并积累了1898年以来100多年的青少年儿童生长发育的全部资料，其研究突出地反映了当时的政治和经济环境。在此也将其分为三个阶段。

第一阶段(1945年以前)：战前酝酿阶段。日本在明治十二年(1879年)，就对部分学生进行了身体活动能力的调查，检测了身高、体重、胸围、上臂围、下肢围、饮食量、肺活量、握力8项指标，以后又增加了力量(悬垂屈臂)及疾病状况的检查。1939年为战争所需进行了历史上规模最大的国民体质测定，以期实现对外扩张政策。

第二阶段(1945年至1960年)：战后调整阶段。日本战败后，为恢复国民健康，对其进行了“体力测定”，分别在1949

年、1952 年、1953 年、1954 年、1957 年、1959 年都曾以 8～18 岁男、女青少年为测定对象，进行了跑、跳、投、悬垂及灵活性的测定。

第三阶段(1960 年以后)：快速发展与改革完善阶段。20 世纪 70 年代开始，随着科技水平的不断提高和经济的突飞猛进，日本社会向着信息化、国际化、多样化、老龄化方向发展，国民的身心健康也受到影响，而先进的科技水平和社会环境也为国民体力测定的研究和学校体育的变革提供了条件。于是，1963 年日本文部省在对 6～9 岁学生颁布了《小学低、中年级运动能力测验实施要案》后，1964 年开始为 10～29 岁的小学高年级、初中、高中、中等专业学校、短期大学、大学和劳动青年颁布了运动测验实施要案。《要案》中规定，10～29 岁的青少年必须进行“体力诊断测试”和“运动能力测试”。从 1967 年开始，对 30～59 岁壮年进行体力测定，并且更加注重国民体质测试的开放性，每年 5～6 月份在全国范围内分别按各自《实施要案》对国民进行统一的体力测定，并由文部省提出年度的《体力、运动能力报告书》，以此公布全国体力测定的概况和结果。在施行多年后又于 1999 年进行了修改完善。修订后的测试指标与过去相比有 3 个方面的变化：①在基本运动能力的基础上注重与健康相关的体质评价：以往的体质测试注重更高、更快、更强，内容上以体力要素中的“行动体力”为主。新方法强调了“健康体力”的因素，增加了健康评价的内容。②适用于各年龄层：以往的体质测试对象为 6～59 岁的人群，新方法考虑到“人口老龄化”的因素，扩大了测试对象的范围，分为小学、中学、20～64 岁、65～79 岁 4 段，加大了低年龄段的跨度。③减少了测定指标数量。如 10～29 岁年龄段的测定指标原来共有 14 项之多，新的测定指标在各个年龄段只规定 5 到 8 项。④在耐力测试项目上有所变化：除男子 1500 米、女子 1000 米外，还可以选择 20 米反复横跨，更安全更有效。⑤设置了各年龄组通用测定指标：握力、仰卧起坐和坐位体前屈。⑥测试方法的经济性：如删掉的垂直纵跳需要的器材较多，新方法在实施时都不需特殊器材或花钱不多，如坐位体前屈就可以用一些空纸箱来测试。

3. 欧洲体质测试标准简介

欧洲体质测试标准是以大众体育为出发点，目的是为了使每一个人都能根据测试结果进行自我评价，并改善日常的生活和活动方式，积极地参与到体育活动中来。因此，在标准制定发布时，就反复强调该标准不能作为早期发掘体育人才和竞争的手段。

欧洲体质测试的内容包括体格检查和身体素质测试，为测试耐力、肌力、灵敏性、柔韧性、平衡性而选择了 10 个项目，详见下表 1-2-1-1。

表 1-2-1-1　欧洲体质测试内容表

内　容	身体素质	测试项目
体格检查		身高体重 皮脂(股二头肌、股三头肌、肩胛下角、腰部、小腿部等)
全身耐力	心脏、循环系统耐力	20 米往返跑或 PWC170 功率自行车
肌力	静态肌力	握力
	爆发肌力	立定跳远
肌耐力	上臂肌耐力	曲臂悬垂时间
	躯干肌耐力	30 秒引体向上

续表

内　容	身体素质	测试项目
灵敏性	全身灵敏性	往返跑(5 米往返，10 次)
	上肢灵敏性	敲击目标
柔韧性	柔韧性	直腿坐位体前屈
平衡性	全身平衡性	睁眼单腿站立(1 分钟内完成的次数)

(二)体质及健康干预理论

生物—心理—社会医学模式的确立，使体育教育的研究领域超越了医学范畴，涉及心理学、社会学、人类学、教育学等多学科，其理论和模式也在众多相关学科的基础上不断应用、完善和发展。主要理论模式包括：认知失调模式、需求阶段理论、健康信仰模式、保护动机理论、合理行为理论、社会学习理论、复发预防理论、个人投入模式、PRECEDE—PROCEED模式、综合学校健康计划模式、ACCESS 模式、计划行为理论、知信行模式(KAP/KABP)、行为转变理论模式、C-T-C 模式等。

1. 知信行模式

知信行模式(KAP/KABP)①是有关行为改变的较成熟模式，其中知(知识和学习)是基础，信(信念和态度)是动力；行(包括产生促进健康行为、消除危害健康行为等行为改变过程)是目标。基本心理过程：知(信息传播——觉察信息——引起兴趣——感到需要)→信(认真思考——相信信息——产生动机)→行(尝试行为——态度坚决——动力定型——行为确立)。

① 吕姿之：《健康教育与健康促进》，52 页，北京，北京医科大学出版社，2002。

2. 健康信仰模式

健康信仰模式(HBM)①是运用社会心理学方法解释健康相关行为的重要理论模式。它由刺激理论和认知理论综合构成，是解释健康行为的最权威的模式之一。强调健康信念是人们接受劝导、改变不良行为、采纳健康促进行为的关键。健康信仰模式广泛应用于健康教育与健康促进项目中，其内容归纳为：(1)对健康的关心；(2)对健康行为的了解；(3)对所面临困难的认识。

3. 行为转变理论模式

行为转变理论模式(TTM)②着眼于行为变化过程及对象需求。它指出人的行为改变是一个复杂、渐进、连续的过程，可分为5个阶段：打算转变前阶段，打算转变阶段，准备行动阶段，行动阶段和巩固阶段。TTM理论细划分析人们的行为阶段，因其可发现目标行为未改变的被试所处的具体行为阶段的不同，从而使结果解释更精确。该模式是美国疾病控制与预防中心列出的行为干预中最有影响力的四种理论基础(HBM模式、SOT理论、TRA理论、TTM理论)之一。

4. 社会市场学理论

社会市场学理论广泛应用于解决社会问题及大众卫生传播

---

① Egger G, Sark R, Lawson J. *Health Protection Strategies Methods*. Sydney, McGRAW-HILL Book Company, 1990: 25.

② 杨廷忠等：《行为改变的一种策略和方法：行为分阶段转变理论模型介绍》，载《中国行为医学科学》，2002(3)：352-353。Prochaska JO, Redding CA, Evere KE. The Transtheoretical Model and Stages of Change In: Health Behavior and Health Education. San Francisco, Jossey-Bass Publishers. 1997: pp. 61-83。

等公益领域。它是指“应用商业市场学的技巧去分析、计划、评价改善目标人群的身体及精神生活质量的有益社会的项目。”①社会公益传播的循环链由六个环节组成：分析与策略→制订计划并选择传播渠道和方式→论证并完善初设方案→执行→效果评估→集中反馈意见并精炼、完善项目设计(→返回第一步)。这一循环链，针对需要解决的问题提供系统化、理论化的方案流程，在循环反复的过程中，逐步完善，实现预定目的。

5. C-T-C 模式

C-T-C 模式(Child-To-Child)②是一种互助式健康教育模式。它把学生在课堂上学的知识与社区和家庭的实践联系起来，积极传播健康知识。这种模式不但强调学习，而且重视实践。它使每一个接受健康教育的学生成为健康知识的传播者，既有利于学生本身知识的内化，又节省人力资源，增大了教育的辐射面和影响领域。本研究运用此模式，一方面强调健康传播的重要性，另一方面也是教学反馈的重要环节。学生的健康传播活动，不仅要“Child-To-Child”，也要“Child-To-All”，它体现了学生对所学知识的内化程度和教师教学效果的有效性。

三、中学体育与健康课程改革研究综述

课程是教师、学生、教材、环境四因素间持续交互作用的动态情境和完整文化。它是实现教育目的的重要途径，也是集

---

① 李丹：《社会市场学在营养干预及健康促进中的应用》，载《中国食物与营养》，2000(5)：39。

② 余小鸣：《青少年性与生殖健康》，208页，北京，中国方正出版社，2002。

中反映教育思想和教育观念的载体，因此，课程居于教育的核心地位。基础教育课程改革是教育对社会政治经济发展所做的适应性反应。整个教育发展史的事实表明，社会政治、经济体制的变革以及生产、生活方式的重大变化，都将引发学校教育的重大变革。随着20世纪政治、经济、文化、科技等各个方面的迅猛发展，各国教育也随之发生相应的改革，从而在全球形成第三次世界教育改革浪潮。

（一）世界部分国家体育与健康课程改革述要

21世纪是教育和学习起核心作用的时代。国力的强弱越来越取决于劳动者的素质。深刻的社会变革要求教育尤其是课程做出及时敏锐的反应，要面向全体学生，提高学生的思想道德、文化科学、劳动技能和身体心理素质，促进学生全面、健康发展。在此背景下世界各国普遍把基础教育课程改革作为增强综合国力的战略措施，并推出一系列教育政策，将课程改革作为全面推进素质教育的突破口。

世界基础教育课程改革主要呈现出如下趋势。

第一，调整培养目标，使新一代国民具有适应21世纪社会、科技、经济发展所必备的素质。

第二，改变人才培养模式，实现学生学习方式的变革，使现在的学生成为未来社会中具有国际竞争力的公民。

第三，课程内容进一步关注学生经验，反映社会、科技最新进展，满足学生多样化发展的需要。

第四，发挥评价在促进学生潜能、个性、创造性等方面发展的作用，使每一个学生具有自信心和持续发展的能力。

“他山之石，可以攻玉”。吸收和借鉴世界上发达国家在体育课程改革方面的经验，有利于更有效地推进我国的体育课程改革。

目前国际上主要流行着两种体育课程模式：一类是体育课程与健康教育课程相结合，作为一门独立的课程进行教学，如新西兰、加拿大安大略省、日本等；另一类是分设体育课程与健康教育课程，如美国加利福尼亚州、英国等[①](见表 1-3-1-1)。

表 1-3-1-1　世界部分国家体育与健康课程改革目标及对学生心理健康的要求

课程类型	国家	课程目标	关键学习领域	对学生心理健康的要求
体育与健康教育相结合课程类型	新西兰	学生将从中获得体育与健康的知识、技能、态度、价值观和健康的生活方式。	(1)心理健康； (2)性特征教育； (3)身体活动及运动学习； (4)身体养护和安全； (5)户外教育； (6)食物与营养。	(1)理解和体验身体、心理、情感、社会和精神等健康的领域； (2)了解社会、文化、经济、环境等因素对人心理健康的影响； (3)采用批判性的思维方式，发展有关避免、降低和控制危险情景的策略和安全步骤。
	加拿大	(1)理解体能、健康和幸福的重要性及影响因素； (2)积极参与每日身体活动，形成积极健康行为； (3)获得终身参与身体活动的基本运动技能。	(1)健康积极的生活教育； (2)生命教育； (3)锻炼科学； (4)娱乐和体能指导。	(1)提高心理健康水平及自尊和应对应激的能力； (2)提高学生做出决定、解决冲突、与人合作的能力； (3)识别有助于增进与朋友、家庭和同伴之间关系的因素(如诚实、关心等)。

① 季浏等：《体育教育展望》，36 页，上海，华东师范大学出版社，2001。

续表

课程类型	国家	课程目标	关键学习领域	对学生心理健康的要求
体育与健康教育相结合课程类型	日本	(1)将身心作为整体，通过适宜的运动体验，理解体育、健康和安全的关系； (2)养成良好的运动习惯，有计划地培养终身热爱运动的素质和能力； (3)形成乐观开朗的生活态度。	(1)体育学习领域(中学) ①身体练习及器械运动； ②田径、游泳、球类运动； ③日本武术及舞蹈； ④体育理论。 (2)保健学习领域(中学) ①现代社会与健康； ②终身健康； ③社会生活与健康。	(1)培养相互尊重，团结协作的意识； (2)理解身心机能和心理健康的有关知识； (3)掌握通过体育运动调节心理状态的方法。
	中国	(1)增强体能，掌握和应用基本体育与健康知识和运动技能； (2)培养运动兴趣和爱好，形成坚持锻炼的习惯； (3)具有良好的心理品质，表现出人际交往的能力； (4)提高对个人健康和群体健康的责任感； (5)发扬体育精神，形成积极进取的生活态度。	(1)运动参与； (2)运动技能； (3)身体健康； (4)心理健康； (5)社会适应。	(1)了解体育活动对心理健康的作用，认识身心发展的关系； (2)正确理解体育活动与自尊、自信的关系； (3)学会通过体育活动等方法调控情绪； (4)形成克服困难的坚强意志品质； (5)建立和谐的人际关系，具有良好的合作精神和体育道德(社会适应)； (6)学会获取现代社会中体育与健康知识的方法(社会适应)。

续表

课程类型	国家	课程目标	关键学习领域	对学生心理健康的要求
分设体育课程与健康教育的课程类型	美国	(1)发展学生的多种动作技能及闲暇活动技能；(2)逐步理解健康生活习惯的重要性；(3)逐步获取有关游戏和运动的规则和策略；(4)通过体育和娱乐计划，提高学生的自我价值感。	(1)运动技术和运动知识；(2)自我表象和个人发展；(3)社会发展。	(1)展示充满活力的身体活动风格，理解身体活动能为娱乐、竞争和自我展现提供机会；(2)通过运动和娱乐，提高学生的自信水平；(3)在运动中表现出负责任的社会行为，并理解尊重所有人的重要性。
	英国	(1)促进学生精神、道德、社会和文化的发展；(2)促进交流、分析、评价等关键技能的发展；(3)促进学生思维、组织、管理的发展，提高学生整体的可持续发展能力。	(1)获得和发展技能；(2)选择和应用技能及观点；(3)评价和改进体育活动；(4)获得体能和健康的知识；(5)促进精神、道德、社会和文化的发展。	(1)使学生获得成就感，形成积极的态度，促进其精神发展；(2)使学生在遵守规则和裁判的基础上获得公平竞争意识，形成积极的运动行为，促进其道德发展；(3)使学生发展社会技能，如合作、责任感、诚实和团队精神等；(4)使学生体验和理解体育文化活动的意义，思考运动怎样传承文化等。

（注：部分资料引自季浏、胡增荦编：《体育教育展望》，上海，华东师范大学出版社，2001。）

从以上世界部分国家的体育课程改革不难看出，在经济全球化、科技国际化、文化多元化的新形势下，各国对体育教育的目标和价值进行重新定位和创新，新的共识和平台正在形成。当前的体育课程是将体育运动作为教育的重要载体，突出课程对学生精神、心理、个人发展的重要作用，并把知识、技能、价值观的形成和健康行为习惯的养成作为体育教育的重要目标。

(二)我国中学体育与健康教育课程改革的社会背景和目标

我国体育课程经历了几代人的努力取得很大的成就，但由于受到我国课程建设整体因素的影响，体育课程也出现了一些不能适应时代发展的问题。主要表现在教育观念滞后，教学内容过时，教学组织形式单一，教学方法陈旧等。①

世界体育教育改革发展的大趋势促使我国体育教育与健康教育相融合，以提高体育实践能力、培养终身体育精神为重点，强调体育课程要促进学生身心健康发展，满足每个学生终身健康的需要，是当前我国体育教育深化发展的必由之路。

《体育与健康课程标准》强调学校体育要树立“健康第一”的指导思想，尊重教师和学生对教学内容的选择性，注重教学评价的多元性，使课程有利于激发学生的运动兴趣，养成坚持体育锻炼的习惯，形成勇敢顽强和坚忍不拔的意志品质，促进学生在身体、心理和社会适应能力等方面和谐、健康地发展，从而为提高国民的整体健康水平发挥重要作用。

《体育与健康课程标准》指出，中学体育课程的目标是使学生增强体能，掌握和应用基本的体育与健康知识和运动技能；培养运动的兴趣和爱好，形成坚持锻炼的习惯；具有良好的心

---

① 季浏等：《体育教育展望》，13页，上海，华东师范大学出版社，2001。

理品质，表现出人际交往的能力与合作精神；提高对个人健康和群体健康的责任感，形成健康的生活方式；发扬体育精神，形成积极进取、乐观开朗的生活态度。

由此可见，新课程标准把知识与技能、过程与方法、情感态度价值观三者统一起来，使“健康第一”的理念渗透在体育教育目标之中。体育与健康教育作为一门与延续人的生命有密切关系的课程，它所关注的不仅仅是通过体育教学增强学生的体质，还要通过体育教学改善学生的心理健康和社会适应能力，体现体育教育的可持续性和健康价值。这就要求课程实施者用整体的观点来全面把握学生的身心发展，培养学生鲜明的社会责任感、健全的人格、终身学习的愿望和能力。

（三）中学体育与健康课程标准与旧大纲之比较

1. 新课程的决策呈现均权化趋势

课程决策的均权化是教育民主化进程深入的产物，意味着课程的多元统一性。课程既应反映国家的整体意志，体现统一性，又反映不同区域的局部意志，体现文化多样性。

旧大纲的课程仅从国家需要出发，以大一统的设计原则考虑课程的架构与要求。而体育作为提高生命质量的社会活动，具有很强的个体需求差异。不同地域、民族、性别、年龄的人对体育运动的需求千差万别，单一的国家决策显然不能满足不同地区学生发展的需要。

体育与健康课程改革实行三级课程管理政策，既体现国家对学生的基本要求，又为各地发展留有空间，使地方教育行政部门和学校有更多地参与课程开发与管理的机会。课程决策均权化的过程是一个全员参与的过程。教育行政人员、教育学家、心理学家、社会学家、教师、学生、家长等都是课程开发和课程变革的合法参与者。

2. 新课程的结构显现多样化趋势

旧大纲过分强调知识技能的确定性，把知识技能视为僵化的、供人掌握的东西，导致课程目标的单一技能取向和课程实施的灌输倾向。

新的体育与健康课程要求把知识技能获得的过程转变为学会学习和形成正确健康观的过程，并把知识与技能，过程与方法，情感、态度与价值观三者统一起来。课程的结构从“内容本位”转向“内容与能力本位”的多样化结合，以保证知识、技能和能力的有效获得。

3. 新课程的学生观突显个性化趋势

体育与健康课程的学生观主要表现为满足学生需要、重视学生情感体验，促进学生全面发展。从课程设计到评价的各个环节，始终把学生主动、全面地发展放在中心地位。在发挥教师主导作用的同时，强调学生学习的主体地位，引导和调动学生参与运动的兴趣和潜能，提高学生体育学习的能力。在课程实施中，重视学生在身体条件、兴趣爱好和运动技能等方面的个体差异，确定不同学习目标和评价方法，并提出相应的教学建议，使每个学生都能在体育学习中体验到成功的乐趣，保证大多数学生能完成教学目标。

4. 新课程彰显学科综合化与多元化趋势

强调课程综合化是 20 世纪 90 年代以来各国课程改革的重要趋势。社会的发展，使诸多社会问题要依赖多学科的共同努力加以解决；人的个性发展要求突破传统的以分科为特点的“学科主义”的框束；知识观的变迁，使多元与融合成为拓展学科领域的关键。在此背景下，各国课程都引入了富有时代感的综合主题，体育教育也逐步由仅重视“增强体质”，扩展为体育与健康的综合体。

体育与健康课程以“健康第一”为指导思想，以促进学生身体、心理和社会适应等整体健康水平的提高为目标，构建了技能、认知、情感、行为等领域并行推进的课程结构，融合了体育、生理、心理、卫生保健、社会、安全、营养等诸多学科领域的有关知识，关注学生健康意识和锻炼习惯的养成。

5. 课程实施从刚性向弹性迁移

我国现行的体育教学大纲对教学工作做出了具体细致的规定，便于教师学习和直接运用；但“刚”性太强，不利于教师创造性的发挥，没有给教材特色化和个性化发展留下足够的空间。

体育与健康课程标准虽然对教学的目标、内容、实施、评价做出了指导和建议，但其影响是间接的、弹性的，给教学与评价的选择余地比较大，教师成为课程改革的参与者和课程资源的开发者。在课程实施中，教师创造性的教学和个性化的教育不仅有利于促进专业发展，还有利于调动教师教学和科研的积极性。

6. 课程评价由“一维”向“多维”发展

新课程中，“评价即研究”“评价即合作性意义建构”已深入课程评价的基本理念之中。“质性评价”与“量化评价”相结合被认为是基本评价方略。对学生的发展评价是课程评价的有机构成部分。

结合表1-3-3-1，可看出我国体育与健康课程改革突出“健康第一”的指导思想，把培养学生的健康意识、全民健身意识、与人合作意识作为重点，打破了传统的按运动项目划分内容的做法，构建了身体发展、运动参与、运动技能、心理健康、社会适应5个学习领域，同时也为教师因地制宜地考虑学生需要，发挥个人特长，因材施教提供了更为广阔的空间。

表1-3-3-1　《体育与健康课程标准》与原体育教学大纲的比较①

分类	大纲	标准	突破
目标	体育课的教学以育人为宗旨，与德育、智育和美育相结合，促进少年儿童身心全面发展，为培养社会主义建设者和接班人做好准备。	1. 增强体能，掌握和应用基本体育与健康知识和运动技能； 2. 培养体育兴趣，养成锻炼习惯； 3. 具有良好的心理品质，表现出人际交往的能力与合作精神； 4. 提高对个人健康和群体健康的责任感，形成健康的生活方式； 5. 发扬体育精神，形成积极进取、乐观开朗的生活态度。	课程标准确立了体育课程的目标体系，既有课程目标，又包括领域目标和水平目标，从而使课程目标更明确、更具体、更具操作性，避免了以往习惯用的套话。

① 朱慕菊主编：《走进新课程——与课程实施者对话》，101～102页，北京，北京师范大学出版社，2002。

续表

分类	大纲	标准	突破
内容框架	必修：基本运动、游戏、基础知识、田径、体操、武术。 限选：球类、韵律体操和舞蹈、游泳。 任选：民族、民间传统体育项目；现代科学的健身方法，新兴体育项目；必修内容的提高与拓宽；由学校置换的其他内容。	运动参与 运动技能 身体健康 心理健康 社会适应	课程标准突破了以往以竞技运动项目为主的内容体系，拓宽了体育课程的内容范畴，有助于开发体育课程的多种功能和实现健康的目标。
内容案例（田径）	跑：发展速度、耐力的各种练习；跨越障碍或低栏；各种传接棒力法的不同距离的接力跑。 跳跃：跨越式跳高或蹬踞式跳远或其他方式的跳高、跳远。 投掷；推、掷、抛实心球，提高定量要求；原地或助跑投掷；使用健身器发展各部位力量。	基本掌握几项主要的田径运动技能	1. 课程标准不规定田径的具体教学内容，给教学留有选择空间和发展余地，学校和教师可根据本校的场地、设施及学生兴趣，有选择地进行教学。 2. 课程标准不规定具体的教学内容，是一种目标管理，要求所选择的内容要有助于激发学生体育学习兴趣，有助于提高学生身心健康水平。

第二章　问题的提出与研究设计

一、问题的提出

（一）选题依据

1. 体质干预是青少年生长的长期趋势的时代需求

青少年学生生长的长期趋势是反映广大民众从经济中获得效益的客观指标之一，也是反映社会发展的期望目标“社会公平性发展”的重要依据。

生长的长期趋势是近200年来发生在人类群体中的重要生物现象。该趋势在绝大多数发达国家都早已发生，一般经历六七十年(其中较剧烈的变化一般持续30年)，然后进入“平台期”。我国儿童生长的长期趋势始于新中国成立后，在时间上比欧美国家晚60多年，比日本晚30多年。

大量研究表明，改革开放后经济的高速增长、生活水平迅速改善，以城市学生为先导的群体优先进入高速增长期。该趋势在我国农村地区处于发展的早期。从增长速度来看，在总体上已超过日本的高峰速度，其表现令人惊喜。这样的变化对一个民族、一个国家而言几百年只有一次，转瞬即逝。应当充分利用这一机会积极干预学生体质，让中华民族的后代在此后不长的时间内努力提高生长水平，真正跻身于世界民族之林。

将以体质综合干预为基础的身心健康教育全面渗透到学校体育教育的全过程，融入学科教学、学校教育活动和班主任工作等各项工作中，以教育的合力作用促进学生全面健康发展，是学生健康教育最主要的途径。

学校教育的目的不仅是教人求知，获得认识世界的工具，还要引导学生能动地掌握改造自身内外环境的方法。体育教育本身不仅应当具有改善学生体质、教会学生健身技能的显性效果，还应具有调节学生心理状态、教会学生运动减压的隐性效果。学生身心发展的不均衡性，变化的随机性，干扰因素的广泛性，要求学校教育的内容、形式、方法要更为灵活、生动，易为学生接受。

2. 引领学生建立健康的行为习惯和生活方式是学校体育教育的责任

体育作为现代人生活方式的调理者，不仅能使人在健身活动中体验到运动对身体形态、机能改善的良好功效，还能使人在活动中相互交往，建立友谊，宣泄压抑。它是提高人体机能，塑造健美形体，治疗亚健康状态的最积极、最有效的手段之一。

中学生正值成长阶段，是最具有可塑性的人群。中学体育与健康教育旨在保障生命准备阶段人群的健康和安全。这一阶段的学生在生命初期形成的体育健康习惯和生活方式，很可能对他们一生中的其他发展阶段的行为方式产生深远影响。借用经济学领域中的成本—效果分析理论，不难发现：体育与健康教育使学生在运动中投入的是体力和汗水，收获的是健康和快乐，其间接效益、额外效益和无形效益是非常可观的。对中学生进行健康教育，能够使他们成为改变现状的力量，影响家庭乃至社会的健康状况。

3. 发挥身心并育的功能是学校体育教育的重要目标

《体育与健康课程标准》指出："体育与健康课程是一门突出健康目标的课程。"它使学生在"运动参与、运动技能、身体健康、心理健康和社会适应五个领域”得到全面发展。由此可见，身心健康是体育教育目标的重要组成部分，它要求学生“坚持锻炼，增强体能，促进身体健康，养成健康的生活方式”，“学会通过体育活动调节情绪状态，增强自尊和自信，形成坚强的意志品质”。

体育载知识之车，寓道德之舍，启智慧之门，陶美育之心，它以身心并育的教育功能和亲近自然、贴近人性的教育特点，能自然而有效地促进学生身心全面发展。当前的课程改革，应从“身心共育”环节出发，以亲近、和谐的课堂情境把深奥复杂的育人之理，融于快乐的身体活动之中，从而促进学生理解体育，热爱运动，珍爱健康。

(二)研究的主要内容

本研究从提高学生体质水平的目标出发，借鉴教育学、心理学、社会医学、社会市场学、健康教育与健康促进理论等国内外先进成果，采取教学干预的实验研究法对中学生进行为期5个月的体质干预教育(以下简称“干预教育”)，同时采用社会、心理问卷和目标人群访谈等方法探讨通过干预教育促进学生身心健康的理论、机制、途径和方法。本研究的主要内容包括三个方面：中学生的心理健康、身体素质和KAP状况。

第一步：干预教育前对目标人群进行需求分析。通过了解中学生在身体(形态、机能、素质)和心理(自尊、自信、情绪、意志、社会适应)等体质基本情况，结合KAP调查和环境测评结果，分析学生身心发展现状，制定有针对性的干预措施。

第二步：开展以体育课教学与青少年体育俱乐部相结合的综合干预教育。提高学生体质水平和KAP知晓率，并使学生掌握相应的运动技能和通过运动调节自我心理状态的方法。

第三步：在干预教育的基础上，构建“知信行融合统一的发展性体育教育模式”。

(三)研究的目的和意义

1. 探索在体育与健康教育中实施体质综合干预教育模式的可行性

学校体育教育是通过体育教学使学生获得完整的健康观念、建立有益健康的行为，并为终身健康奠定基础的重要教育形式。体质水平的改善是体育与健康教育的基本任务。但是，面对当前学生健康意识差，学习压力大；活动空间小，体育开课不足；其他娱乐干扰，体育内容枯燥；缺乏健身指导，锻炼效果差的现状，亟须研究体质综合干预的教育模式。本研究对体育教育中实施身心健康干预的教学内容、教学方法、实施方略、师资培训、质量控制、教育评价的各个环节进行了较为详细的探讨，并构建了“知信行融合统一的发展性体育教育模式”，对于在体育教育中渗透身心健康教育，改善学生的体质状况具有一定的理论指导意义。

2. 为实施《体育与健康课程标准》、促进中学体育教学改革提供理论支持

本实验以新课程改革为实施背景，在教育中贯穿了《体育与健康课程标准》的理念和要求，是促进中学体育教学改革的一次有益尝试。干预教育详细分析了体育教学现状，并采取以计划→行动→观察→反思→计划……的行动研究法，对指导中学教师参与新课程改革，从事教育科研活动具有一定的指导意义。

3. 为充实、完善学生体质研究中社会、心理测试提供理论储备和实践积累

学生体质研究是有关学生健康的重要科研领域。通过大规模的学生体质调研，了解学生的身体、心理和社会适应的整体状况，对制定有针对性的教育政策，促进学生健康成长具有重要的价值。在我国体质研究中纳入心理健康的测评不仅是教育发展的必然要求，也是体质研究自身发展的需要。本研究在该方面进行了初步尝试和探索。

二、研究假设

本研究采用体质综合干预的方法，将新课程标准指导下的体育与健康教育对中学生身心健康、社会适应影响作为切入点，以身体指标(形态、机能、素质)和心理指标(自尊、自信、意志、社会适应)作为因变量，探讨体育教育的综合教育效应。

第一，以新课程标准为指导的体育与健康教育对改善中学生的身体(形态、机能、素质)健康状况具有积极的促进作用。

第二，以新课程标准为指导的体育与健康教育对改善中学生的心理(自尊、自信、意志、社会适应)健康状况具有积极的促进作用。

第三，“知信行融合统一的发展性体育教育模式”能够促进学生健康知识、信念、行为和身心状况的改善。

三、研究方法

(一)研究对象

1. 研究对象的选择

本研究以初、高中二年级学生为干预对象。主要原因有以下三点。

第一，由于这两个年级学生处于青春发育期(10～20 岁)，在神经内分泌的调节下，这一阶段的青少年身心发育波动性较大，不仅表现在形态、机能、运动能力等身体方面，还表现在情绪、态度、行为、人际关系、自我评价、价值观和社会责任感等方面。

第二，青春期是青少年由童年向成年过渡的人生“转型期”，在不断调试自身内在的生理变化和外界环境与学习生活变化的过程中，其心理发展往往表现出诸多矛盾倾向。1995 年全国学生体质与健康调查显示，我国青少年身体发育仍处于生长发育加速阶段，而青春期心理、社会发展有相对推迟的现象，往往易形成复杂的心理问题。因此，他们急需得到教育和指导。

第三，初二、高二学生在知识储备、智力发展、社会经验方面已初步具备了一定的基础，能够理解和接受教学干预的方法和内容。他们已度过了初一、高一学生适应新环境的时期，基本适应了学校生活；同时他们比初三、高三学生承受较小的学业压力，此亦为干预教育提供一定条件。

2. 研究对象一般特征

本书采用分层整群抽样的方法，抽取石家庄市三所中学初二、高二年级学生为研究对象。其中，8 个实验班(678 人)和 8 个对照班(665 人)，共计 1453 名学生进行了为期 5 个月的干预教育。抽取的 3 所中学在学校硬件条件、师资设备、教学质量等方面都处于同一档次，教育环境基础接近。其中，河北师大附中、石家庄 40 中初二、高二年级的 8 个班为实验干预组，4 个班为校内对照班；石家庄 9 中初二、高二年级 4 个班为校外对照组。研究开始前，实验组学生 788 人，对照组学生 665

人，共1453人，平均年龄为15.73±3.42岁。研究结束时，实验组学生774人，对照组学生662人，共1436人；共获得有效数据1250组(实验组学生678人，对照组学生572人；男639人，女611人)。

表2-3-1-1　三所学校基本情况比较

学校	体育课情况		课外活动	心理健康教育情况			教学水平
	课时	师资	类型	是否设课	是否有心理咨询	师资	
附中	2/周	本科	俱乐部(2/周)	否	是	兼职	中上等
40中	2/周	本科	俱乐部(2/周)	否	是	兼职	中上等
9中	2/周	本科	课外活动(2/周)	否	是	兼职	中上等

表2-3-1-2　参加本次实验的学生性别比较

年级	实验班			对照班			X^2	P
	男	女	合计	男	女	合计		
初中	175	167	342	148	144	292		
高中	170	166	336	146	134	280	0.71	0.62
合计	345	333	678	294	278	572		

(二)研究方法

1. 定量研究与定性研究相结合

(1)定量研究。

干预效果的定量研究：采用体育与健康KAP问卷，分析干预前后及回测时学生体育与健康知识、信念、行为的变化情况；采用“中国中学生心理健康量表”“自尊量表”“意志品质自测简易量表”“体育锻炼感觉量表”“POMS量表”“个人评价问卷”“社会适应性自评问卷”分析干预前后及回测时学生心理健康状况的变化发展情况；采用身体素质测验法，分析干预教育对学生力量、速度、耐力、爆发力等素质的影响。

干预过程的定量研究：采用体育与健康教育评价表(学生用)了解学生对干预教育的内容、方式、教师授课水平、个人收获等方面的评价和建议；采用体育与健康教学反馈表(教师用)了解实验教师、班主任及教育巡视员对干预教育的内容、方式、教学效果及相关问题反馈意见和建议。

(2)定性研究。

目标人群访谈与调查：在干预教育前、干预过程中、干预结束后及回测时分别对学生、教师、家长三大群体的相关人群进行了群体座谈和重点访谈，同时采用电话、电子邮件、信件等多种形式与重点目标人群保持联系，获得大量宝贵的资料。

专家访谈：干预教育前走访了中国科学院心理研究所、北京体育大学、北京师范大学、北京大学、首都体育师范学院、河北师范大学研究心理学和教育学的专家，就中学生心理健康研究的现状、方法、体育与健康教育改革的趋势和走向等问题进行了咨询和求教。

观察法：观摩实验教师的教育和教学活动；观摩实验地中学体育课和课外体育活动。

2. 实验研究与行动研究相结合

采用实验研究法，借助体育课、青少年体育俱乐部、班级活动等教育途径，对中学生开展体育与心理、身体健康的教育教学活动。

行动研究是指教育情境的参与者为提高对所从事的教育实

践的理性认识，加深对实践活动及其依赖背景的理解，而参与教育实践(或实验)并进行反思的研究①。美国教育社会学家Collier J. 认为，行动研究是一种小规模的实验研究，它用教育实验和统计学的方法来解决教室里的实际问题②。

在本研究中，研究者以实验教师的身份参与干预教育，并对 Plan→Action→Observe→Reflect(计划、行动、观察、反思)的整个过程进行设计和实践。

3. 实证研究与理论研究相结合

本研究在开展一系列实证性研究的基础上，进一步对体育与健康教育与中学生心理健康关系及教育策略等方面进行了探索性的理论研究。构建了"知信行融合统一的发展性体育教育模式"，对该模式的时代背景、理论基础、目标、实施、评价等问题进行了深入的研究。

(三)测量工具

1. KAP 调查

KAP 问卷(Knowledge, Attitude, Practice Questionnaire)"一般用于了解目标人群的卫生保健知识、态度(信念)及行为现状；对健康教育的主观需求，健康教育方法的接受程度；还可用于评价目标人群知识、态度、信念和行为的变化"③。

本研究将学生、教师和家长定为目标人群，设计 KAP 问

① 江山野编译：《简明国际教育百科全书》，北京，教育科学出版社，1999。

② 张民选编译：《对"行动研究"的研究》，载《华东师范大学学报》，1992(1)。

③ 吕姿之编译：《健康教育与健康促进》，199 页，北京，北京医科大学出版社，2002。

卷，以全面了解与学生心理变化有关的情况。问卷主要涉及体育与健康的知识、体育与心理健康的关系、参与体育运动的行为等相关问题，同时收集基线资料，进行需求分析。

发放问卷前通过征求有关专家意见进行修订，并于2002年12月中旬在实验学校进行预调查，进一步修改后投入正式测试。

(1)KAP调查问卷(学生用)。

在开展干预教育前后和干预结束三个月后分别对学生进行KAP问卷调查。学生KAP问卷结构见表2-3-3-1及附件。三次问卷记分题目均为78题。第一次问卷加入基线调查9题；第二次问卷加入“非典影响”7题，干预教育评价2题。记分部分题目基本一致，只是在第二、第三次问卷中对个别题目的提问方式进行修改，题目和答案位置进行了调换。

表2-3-3-1　中学生体育与健康KAP问卷内容分布

一级维度	二级维度	题目数		
		干预前	干预后	回测
知识	健康观	4	4	4
	生理、心理知识	8	8	8
	身体素质	4	4	4
	奥运会	3	3	3
	一般锻炼常识	6	6	6
态度	体育与学习	4	4	4
	体育锻炼的误区	20	20	20
	体育与心理健康	8	8	8
	锻炼态度与兴趣	5	5	5

续表

一级维度	二级维度	题目数		
		干预前	干预后	回测
行为	运动频度	5	5	5
	运动处方	4	4	4
	运动参与行为	7	7+1▲	7
基线调查▲		9▲	0	0
学生上课的感受(或回测保持)▲		0	1▲	1▲
非典型肺炎事件对学生心理的影响▲		0	7▲	0
合　计		78+9▲	78+9▲	78+1▲

(注：▲表示不记入总分的选项。)

(2)KAP调查问卷(教师用)。

为了解体育教师对体育与健康知识、学生心理健康和新课程改革的认识情况，本研究设计了“体育与健康KAP调查表(教师用)”，对在职体育教师及河北师范大学、河北体育学院体育教育系四年级学生进行调查，以了解中学现有师资和未来师资的体育与健康知识、信念、行为的现状。

表2-3-3-2　教师体育与健康KAP问卷内容分布

题　目	题　数	分值分布	所占比例
基本情况	9	—	—
知　识	20	31	41.89
信　念	20	25	33.78
行　为	10	18	24.33
课程改革	16	—	—
合　计	75	74	100

2. 心理测量工具

本研究所用量表及其测试目的见表 2-3-3-3。问卷和量表的重测信度在 0.74 到 0.89 之间；效度在 0.78 到 0.90 之间，符合教育心理测量学的要求(表 2-3-3-4)。

其中自尊量表、体育锻炼感觉量表、心境状态剖面图、个人评价问卷、意志品质量表、社会适应性自评问卷在国内外被多次使用，已证明其可靠性和有效性，与中学生心理健康量表各维度呈中等相关，相关系数在 0.52 到 0.81 之间；KAP 问卷在测试前交给专家征求意见，专家给出的效度分为 8.92(满分为 10 分)。经修改后在学生中进行了小范围的预测验，再次修订后，应用于全体施测学生。KAP 问卷各分维度得分与 KAP 总分的相关在 0.62 到 0.76 之间，内容效度符合教育测量学要求。

本研究使用的量表和问卷可靠性和一致性较好，能真实、准确地反映中学生的心理健康状况。

表 2-3-3-3　本研究中使用的心理量表及问卷

量表名称	研制者	主要维度	测量目的
中学生心理健康量表(MMHI-60)	王极盛 1997	由 60 个条目组成，包括 10 个维度：强迫、偏执、敌对、人际关系紧张、抑郁、焦虑、学习压力、适应不良、情绪不稳定、心理不平衡	学生总体心理健康状况
意志品质自测简易量表	郑日昌 1994	20 个条目	选自中央电教馆资源中心教师进修资源[中学版]，用于评价中学生意志品质

续表

量表名称	研制者	主要维度	测量目的
自尊量表(SES)	Rosenberg 1965	10个条目	自我价值和自我接纳的总体感受
心境状态剖面图(POMS)	D. M. McNair 1971 祝蓓里 1995(修订)	由40个条目组成，包括7个维度：困惑、疲劳、自尊心、紧张、压抑、活力、愤怒	评定过去一周内的情绪状态
个人评价问卷(PEI)	Shrauger 1990	50个自陈条目，6个维度：学业表现、体育运动、外表、友情关系、社会相互作用及同人们交谈	考查被测者的自信水平
社会适应性自评问卷	北师大辅仁应用心理发展中心	由15个条目组成	评定青少年社会适应的整体发展水平
体育锻炼感觉量表(EFI)	Gauvin Rejeski 1993	由12个条目组成，包括4个维度：精神振作感、积极参与感、平静感、疲劳感	测量体育锻炼心理效应及锻炼后的心理感觉
体育与健康KAP问卷	自编 2004	包括体育与健康及卫生保健知识，体育锻炼态度及参与行为3个维度等	评价目标人群体育与健康的知识、态度、信念、行为情况

表 2-3-3-4　研究中各量表(问卷)信效度检验结果

量　表	项数	得分范围	同质性信度	相关报道	效度	备注
中学生心理健康量表	60	60-300	0.65-0.84	0.72-0.91	0.79	双向记分
意志品质量表	20	0-100	0.73-0.81	0.69-0.87	0.82	双向记分

续表

量　表	项数	得分范围	同质性信度	相关报道	效度	备注
自尊量表(SES)	10	10-40	0.83-0.85	0.77-0.88	0.78	正向记分
POMS量表	40	0-160	0.76-0.83	0.70-0.90	0.89	双向记分
个人评价问卷(PEI)	50	50-200	0.71-0.83	0.67-0.90	0.90	双向记分
社会适应性自评问卷	15	18-143	0.72-0.85	0.73-0.85	0.84	正向记分
锻炼感觉量表(EFI)	12	0-48	0.72-0.85	0.76-0.82	0.82	正向记分
体育与健康KAP调查表(学生)	78	0-100	0.65-0.79	—	0.89	正向记分

3. 学生体质测试

依据中国学生体质与健康调研的测试技术和要求，对学生的身体形态、身体机能、身体素质[力量(男：引体向上/俯卧撑；女：仰卧起坐)、耐力(男：1000米；女：800米)、跳跃(立定跳远)、速度(50米)等四项素质]进行测验，检验干预前、后、回三次测试时身体素质发展变化情况。

表2-3-3-5　研究中各量表(问卷)信效度检验结果

指标类型	指　标	测试项目/派生指标	测量意义
身体形态	身高 体重	身高标准体重	反映营养状况与身体的充实度
	围度	胸围、腰围、臀围	
	皮褶厚度	上臂部、肩胛下角、腹部、大腿	
身体机能	肺活量	肺活量体重指数	反映心肺功能，科学调控运动量
	安静心率	最佳心率范围与有效心率范围	
	台阶实验	台阶实验指数	

续表

指标类型	指　标	测试项目/派生指标	测量意义
身体素质	力量	男：引体向上/俯卧撑；女：仰卧起坐、立定跳远	反映身体综合体能水平
	速度	50 米	
	耐力	男：1000 米；女：800 米	
	灵敏	十字象限跳	
	柔韧	坐位体前屈	

(四)干预教育的实验设计

1. 干预教育的依据与目标

本书依据《体育与健康课程标准》的课程目标要求，使学生通过干预教育[①]增强体能，掌握和应用基本的体育与健康知识和运动技能；培养运动的兴趣和爱好，形成坚持锻炼的习惯；具有良好的心理品质，表现出人际交往的能力与合作精神；提高对个人健康和群体健康的责任感，形成健康的生活方式；发扬体育精神，形成积极进取、乐观开朗的生活态度。

心理健康领域达到的主要目标：了解体育活动对心理健康的作用，认识身心发展的关系；正确理解体育活动与自尊、自信的关系；学会通过体育活动等方法调控情绪；形成克服困难的坚强意志品质；提高学生的社会适应能力。

2. 干预教育的内容

本书的重要内容之一是关于教育内容的选择、设计和安排，

---

① 中华人民共和国教育部制定：《全日制义务教育、普通高级中学〈体育与健康(7—12 年级)课程标准(实验稿)〉》，北京，北京师范大学出版社，2001。

即教材的选取与使用问题。研究者在教育干预前曾多次征求教育理论专家及中学高级体育教师的意见，依据《体育与健康课程标准》，参考国内六种《体育与健康》(实验)教科书，结合实验地的经济、文化背景、学校教学情况、实验课教师的特长及学生的兴趣，选取体操(含健美操)、武术、球类(以篮球、排球为主，结合各种小球的选修)为主体教学内容(见表 2-3-4-1)，结合素质练习和各种体育游戏，充分发挥体育教师和学生的自主性和积极性。

表 2-3-4-1 “体育与健康教育对中学生心理健康干预的实验研究”课程及教学内容

课的性质	课的类别	教学内容	干预维度
必修课	理论课	健康与成功 情绪与健康 体育锻炼科学方法及运动处方 青春期的生理和心理健康 身体检查与体质测试 北京奥运有你有我	整体健康观 情绪与性格 体育锻炼科学观 青春期(自我意识) 体质(科学原理与方法) 奥运(爱国情操)
	实践课	韵律操、耐久跑 武术球类 体操游戏	采用激发学生学习兴趣，调动学生积极性的参与式体育教育手段，同时结合心理教育，以综合干预为主
选修课	限选课	以青少年体育俱乐部的形式进行课外延展教育，男生以球类、力量练习为主，女生以形体、舞蹈、健美操为主。每周的活动都留有学生自由活动的机动时间	在青少年体育俱乐部中开展多种生动活泼的身心教育活动，以综合干预为主
	任选课	(机动)	(同上)

续表

课的性质	课的类别	教学内容	干预维度
课外活动	主题班会 协作教学 文体活动 社会调查 观摩、参观	开展以体育与心理健康为主题的班会；开展校际作文竞赛；不同学科协作教学、组织兴趣小组、讨论座谈、学生体育与健康社会小调查	探索性地运用研究性学习的教育方法，让学生通过课外实践，自己去发现体育的真谛
讲座	针对学生	习惯与成功 相约青春 毕业班学生与考试焦虑 让科学体育运动引领你走向健康 树立自信，走向成功 展望北京奥运情怀 人生转弯的地方——考试焦虑的原因与调节（回测报告）	加深学生对体育与心理健康关系的认识，提高其知识水平；面向全体学生，扩大实验影响

在教育干预过程中，把课程分为三个阶段，每阶段3～4周；其中穿插理论和知识的室内课6次，开展全校性健康讲座6次。理论课教案全部制成PowerPoint、Flash、Action课件的形式，以提高教学的直观性、新颖性。

3. 干预教育的教法

干预教育重视学生主体地位，强调以养成习惯、维护健康为目标，在课堂内外都主要采用以学生为主体的参与式教学方式，突出以运动为主要调动手段，以多种活动为辅助诱导方式的体验教育。发挥体育运动感性强、实践性强的特点，通过把相关理念、知识和技能与课内外的活动相结合，提高学生对体育与健康，体育对改善心理健康的认识，并逐步将认识内化为技能、方法和习惯。本研究通过师生的实践，总结出以下几种常用教学方法，并将其特点和操作要点加以归纳，见表 2-3-4-1。

(1)运动参与、游戏、比赛、健康快车、案例分析和讲座是使用频率最高的教学方法。体育课和青少年体育俱乐部是开展干预教育的主要教育途径。学生在运动的氛围中增加了交往频率、增进了友谊，也有利于身心健康的发展。

(2)在教学中设计了演示实验，将信息化教学的手段引入课堂。如所有理论课讲义全部制成 PowerPoint 或 Action 教学课件；所有新授技术动作全部做成 Flash 动画在学习前后进行演示，以利于学生建立动作概念，提高学习质量。

(3)结合教学内容，选取优秀体育运动录像片段和部分课上学生录像加以回放、分析，提高学生对体育动作、体育项目及体育文化的理解程度。如在初中排球教学中，播放中国女排的参赛片段，学生们在欣赏体育比赛的过程中，不仅对排球传垫技术有了初步了解，还被女排的爱国精神和拼搏意志所震撼，激发了学生的学习热情。

(4)探索性进行研究性学习，引导学生开展课外体育锻炼调查和健康传播。由于教育具有滞后性，干预教育的目的是对学生未来的生理、心理、学习、生活产生良好的后续效应，所以加深学生对体育与健康认识的程度、掌握强健身心的方法、提高自我锻炼能力至关重要。通过让学生开展小范围社会调查、体育与健康知识技能传播等活动，可以进一步增强学生的感性认识，同时学生的健康传播活动，也有利于教师了解学生对所学知识的掌握情况及相关知识的内化程度。

(5)注意事项。注意学习新技能与巩固旧知识相结合，照顾大多数学生的学习需要；注意教师组织与学生自由练习相结合，给学生一定的自由空间；注意学生练习过程中的安全问题。

表 2-3-4-2 干预实验课中常用教学方法

方法	特 征	操作要点
运动参与	1. 使学生了解自己的身体状况和体育状况，初步学会运动处方的制订方法； 2. 通过在运动中实践自己制定的运动处方体验体育的乐趣和成效； 3. 组织青少年体育俱乐部的活动，培养体育兴趣，增加体育参与机会。	1. 教师应掌握较完备的学生生长发育、运动处方等方面的知识，并使其深入浅出，易为学生接受； 2. 教师要具备较合理的运动能力结构和组织调动能力； 3. 应调动每一个同学的体育参与意识； 4. 学校青少年体育俱乐部的活动以依据学生兴趣和健身需要自由选修为主，以学生自主练习或组织教学比赛为辅，既可巩固课上所学知识技能，又可发挥学生的组织能力，给学生较大的选择空间。
游戏	1. 调动学生的积极性，活跃课堂气氛； 2. 便于说明问题，或帮助教师引出本节课的内容； 3. 印象深刻，容易接受。	1. 教师应注意控制学生情绪，使学生不至于因过度兴奋而忽略主题，影响教学效果； 2. 如果每节课不能让所有同学都参加游戏，教师可以每次选不同的学生参与，保证活动的均衡性。

续表

方法	特征	操作要点
体育比赛	组织健美操、体育舞蹈、武术的才艺展示比赛及年级篮球对抗赛，提高学生体育兴趣。	1. 课下辅导与锻炼小组活动相结合； 2. 充分调动学生干部与体育骨干的组织领导积极性； 3. 为大多数同学提供参与机会。
健康快车	每次课结束时，都给学生介绍一则健康小知识，一学期下来就是送给学生一辆“健康快车”。	1. “健康快车”开始由教师来介绍，逐渐过渡到由学生轮流组织材料； 2. “健康快车”形式、内容要丰富，简单易记。
案例分析	1. 通过分析他人行为，思考自己的行为和后果； 2. 把课堂上的知识技能与实际生活联系在一起。	1. 教师应认真备课，引导学生透过现象看到事物本质； 2. 教师要有丰富的知识，能给学生介绍更多的、发生在他们身边的案例； 3. 深入浅出，易于理解。
课上心理测验	课上知识即学即用，不仅可以活跃课堂气氛，还可给学生留下深刻印象。	不仅让学生知其然，且要知其所以然，学会自我调节情绪，保持健康心理状态的方法。
角色扮演	1. 全班学生都能够参与； 2. 有机会应用所学的技能； 3. 锻炼学生的表达能力。	1. 要求学生严肃认真，用心体会各个角色； 2. 鼓励不善于表演的学生克服羞怯心理，踊跃参与； 3. 必要时，教师可以请1—2组代表表演。
头脑风暴	1. 便于教师在短时间内收集信息； 2. 帮助教师引入正题； 3. 鼓励学生积极参与讨论。	1. 学生对自己的回答不需要加以解释； 2. 教师对学生的回答不立即作出评价； 3. 教师在记录学生发言时要字迹清楚，书写速度要快； 4. 记录答案后，教师应留给学生进一步思考的时间。

续表

方法	特　征	操作要点
小品	1. 部分学生参与表演，其他学生观看； 2. 能够生动地反映学生生活，有效说明问题； 3. 有助于活跃课堂气氛，深受学生欢迎。	1. 教师应提前几天把小品的内容告诉“演员”，使他们有充足的时间准备和编排； 2. 为调动学生的积极性，教师给学生提供一些情节，请他们自行编排小品； 3. 开始先请班里一些幽默、活泼的学生参加表演，逐步让更多的学生有展示和锻炼自己的机会； 4. 使用简易道具，使表演更加生动。
小组讨论	1. 每个学生都有机会表达自己的意见和倾听别人的意见； 2. 采用不同分组方式增加学生讨论和交流的机会，提高学生的学习兴趣。	1. 教师根据本班的人数和活动空间等实际情况，选择合适的分组方式； 2. 小组讨论之前，每组选出记录员和报告员； 3. 讨论过程中，教师要巡回指导，避免学生讨论主题以外的话题； 4. 各组报告员在报告小组讨论结果时，要求其他学生认真倾听。
课内外调查	教给学生社会调查的方法，通过学生使体育与健康的理念辐射到学生家长、老师、社区和同伴。	1. 教师在课前为学生课下调查做好材料准备； 2. 课下调查与课上汇报演讲结合，调动学生积极性； 3. 合理分配任务，提高学生工作的针对性。
录像分析	对典型课进行录像，一方面回放给学生增加感性认识；另一方面有助于教师课后分析统计，改进教学。	1. 录像应在自然情景中进行，以便了解学生真实情况； 2. 回放时主要让学生自己发现问题并解决问题，教师注意总结归纳。

续表

方法	特　征	操作要点
校报专栏	在实验学校的校报上开辟“中学生心理健康”和“我运动，我健康”两个专栏，为学生介绍相关知识。	1. 由研究者和实验课教师撰稿向学生介绍心理健康和体育运动的科普文章； 2. 把在《我与体育》作文竞赛中获奖的学生作品予以发表。
讲座	针对学生	1. 让科学的体育运动引领你走向健康； 2. 相约青春——青春发育与青少年健康； 3. 毕业班学生与考试焦虑； 4. 习惯与成功； 5. 树立自信 走向成功； 6. 展望北京 奥运情怀； 7. 人生转弯的地方——考试焦虑的原因与调节(回测报告)。
	针对教师	1. 新课程改革与体育教师发展(报告)； 2. 体育与健康新课程改革与教师行动研究(报告)； 3. 安排实验课教师参加河北医科大学“青少年心理与健康促进”培训班。
	针对家长	关心孩子身心健康，携手营造美好未来——中学生的心理健康问题及教育对策。

4. 实验教师的培训与督导

干预开始之前，为实验教师举办培训班。由研究者准备材料和多媒体课件，分别就《体育与健康课程标准》、新兴体育项目和现代健身方法、青少年心理健康、健康教育与健康促进等内容进行为期 3 天，共 21 学时的培训，分为理论学习和技能培训两阶段。具体内容和时间安排见图 2-3-4-1。

教师培训的教学方法，主要采用运动参与、讨论、游戏、

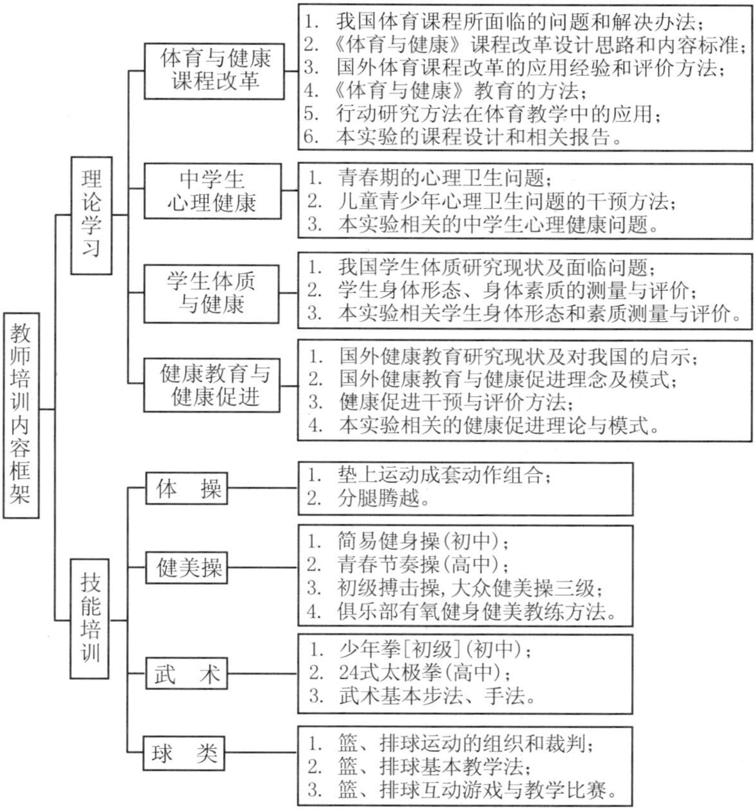

图 2-3-4-1　教师培训的内容框架

角色扮演、学习使用多媒体教学课件等教育的方法，目的是让教师适应、熟悉新课程，最终能够把这种参与式教学方式应用到教学实践之中。

安排实验教师参加了河北医科大学“青少年心理与健康促进”培训班，以提高实验教师的健康教育理论水平。

安排实验教师旁听了河北师范大学的体育理论课程——现

代社会与学校体育。

把干预教育的教学进度、实践课及理论课教案、理论课多媒体教材及《现代儿童少年卫生学》、中学心理健康教育实验用书《心理发展》等多种参考书和资料发给实验教师。

干预教育实施过程中，采用集体备课的方式，分阶段定期召开实验教师集体备课会，每两周 1 次，每次 3 小时。每次活动的主要内容是围绕《教学反馈表》、学生掌握知识、技能的情况和身心发展状况，对上一阶段干预教育情况及教材适用性进行总结和评价；同时对下一阶段的教育教学进行分析讨论，主要就如何介绍知识要点、如何指导课堂活动、如何调动学生的学习积极性、如何控制时间，以及卫生、安全、注意事项等方面进行具体研究。任课教师还可以在会上介绍各学校的新课程改革的情况，交流教学经验，交换意见，并向研究者提出各种需求和建议。

研究者和实验教师采用共同备课、交流教法、巡回听课的方式，相互督导，逐步修正教学内容和教法，提高教育水平。

聘请实验学校的教育巡视员对实验教师的教学情况进行量化评价，主要包括课前准备、教学的生动性、教育策略、学生参与情况、教学内容完成情况、教学时间控制和组织教学能力等方面。

5. 干预教育的实施方略

本研究的主要内容是任课教师按照研究者所制订的实验设计，对实验组学生进行干预教育。各实验班按每周 2 次课、2 次俱乐部活动、每月 1～2 次讲座的进度进行教学，并安排因地制宜的实践活动。而对照组学生与本年级其他班学生一样，仍按照原体育教学计划上课。

(1)教学内容考虑不同年级、不同性别学生的特点和兴趣，因材施教。

①体操教学中男生的整体套路以力量、平衡、支撑为主，加以适当的跳跃动作，而女生则以柔韧、优美的舞蹈动作为主，附以一些滚翻和平衡动作。

②健美操教学中，初中学习简易健身操，突出基础性和节奏感，运动强度控制在22-24拍/10S，高中学生学习青春节奏操，突出动作变化和方位转换，同时加入跆搏健身的动作要素，使操化动作在整体上呈中性型，动感强且有力度，适合高中男女生共同练习，运动强度控制在22-26拍/10S。

③武术教学中初中以学习基础动作和简单套路(共10动)为主，兼顾介绍民族传统体育运动的渊源和种类；对于高中学生学习简化24式太极拳，适当提高动作频率，并把套路形式做了相应的改变，使师生在委婉悠扬的民族音乐中，体味民族传统体育运动的韵味和魅力。

④在球类教学中，按学生兴趣和不同练习水平进行分组，采用课上多极化教学与俱乐部选修相结合，并组织年级教学比赛，使球类教学灵活多样。

⑤身体素质采用课上学习方法手段和运动处方与课下布置任务、分组练习的形式相结合，发挥体育骨干和学生干部的组织能力，让学生自主协作练习。

(2)体育课上教学与青少年体育俱乐部活动相结合。实验学校是河北省青少年体育俱乐部试点单位，全体学生都是会员。这就为开展课内外结合的体育教育提供了便利的条件。俱乐部以学生选修为主，进行以体操、健美操、形体、球类和田径为主要项目的小组教、练活动，同时给学生以自由活动的时间让学生自由接触不同运动项目，以激发兴趣，培养体育习惯。

(3)探索式采用研究性学习的要素，让学生参与到探究活动中去。各实验班在课下成立研究小组，就老师所给的命题(主题)，采用调查和实地观察相结合的方法，对学生、教师、家长、社区居民进行体育与健康调研，了解周围人群对体育的看法和参与体育活动的情况。

(4)与相关学科教师开展横向的综合教育。本研究开展学科联合教育，以发挥教育的合力作用，对实验组学生进行多角度综合教育。

①与班主任配合，组织以体育与心理健康为主题的班会。

②与实验年级的语文教师一起，举办校际《我与体育》作文竞赛。

③与生物教师一起开展青春期健康教育。

④与英语教师一起组织和训练学生的英语小品、话剧表演。

⑤与美术老师一起，组织《体育与健康》学生漫画展。

(5)在实验学校开展有针对性的体育与健康系列讲座(讲座的题目见表4-3-3-1)，扩大实验影响。

①《让科学体育运动引领你走向健康》的报告，着重讲述体育运动与中学生身心健康的关系。

②针对中学生自制性较差，做事容易虎头蛇尾的弱点，做了《习惯与成功》的专题报告。

③针对中学生的青春期心理生理问题做了《相约青春——青春发育与青少年健康》的报告。

④针对实验年级即将进入毕业阶段，学生的焦虑心理比较

普遍的现象做了《毕业班学生与考试焦虑》及《树立自信走向成功》的报告。

⑤向学生传播北京奥运的知识和信息，做了激发学生爱国情操的《展望北京奥运情怀》的报告。

⑥回测时，应实验学校的邀请做了《人生转弯的地方——考试焦虑的原因与调节》的报告。

(6)采用“请进来，走出去”的方法，积极利用校外教育资源。

①聘请河北师范大学的体育教育和健康教育的教授给实验课教师讲授体育与健康教育的最新研究成果，并请石家庄市兄弟学校的体育教师来观摩实验教育的课内外活动。

②在教师集体备课会和总结会中，聘请有经验的老教师一起参与指导、讨论，对教材和教学内容中的每一课内容都先后讨论两遍，即在授课前讨论这节课的要点、如何操作、有关理论课和实践课中如何适当运用心理教育的方法、遇到学生可能提出问题该如何处理等；课后讨论授课效果，以及教材中哪些地方较好、哪些地方需要进一步改进等。同时就体育课与俱乐部活动结合的组织方式和教学内容的选择进行探讨，以发挥两种教育形式的合力作用，提高实验效果。

③安排实验教师旁听河北师范大学研究生的《现代社会与学校体育》课程；参加河北医科大学《青少年心理与健康促进》的学习班。

④研究者还为参加“石家庄市中学体育优质课评比”的教师做了题为《新课程改革与体育教师发展》和《体育与健康新课程改革与教师行动研究》的报告，并与各学校体育教师进行座谈。

⑤以本研究教学内容为基础，帮助实验教师设计教案，参

加石家庄市体育优质课评比(两名教师分别获得新华区和石家庄市体育优质课评比一等奖，实验结束后一名教师获得河北省体育优质课评比一等奖)。

⑥研究者在课余时间观摩了石家庄市近 20 所中学的体育课。

(7)研究中开展的其他教育教学活动。

①参加学校心理咨询室的活动，收集有关学生心理健康的案例。

②在《河北师大附中校报》设立“身心健康论坛”，向学生介绍相关知识和方法。

③组织年级篮球对抗赛、健美操比赛等体育文化活动。

6. 干预教育的质量控制

(1)组织措施的质量控制。

①在研究开始前，首先取得学校领导的同意和支持，保证试点学校的实验班级能够完成一个学期的干预教育。

②在整个研究过程中，任课教师与实验班级的班主任密切联系和配合，取得他们的支持。

③聘请实验学校中三位高级教师(教学巡视员)对实验教师的授课情况进行量化评分。

④石家庄市教育委员会体卫处是学校体育卫生工作的技术监督和指导单位，该项研究取得了他们的支持和帮助。

⑤本研究获得河北师范大学体育学院在人力和物力方面的大力支持。

(2)调查过程中的质量控制。

①本书在调查开始前先培训主试人员。主试由河北师范大学体育学院的硕士研究生担任。

②本书中的问卷和量表测试，采用团体施测法，统一时间在各班施测，测试用时45分钟。测试前先由主试按指导语训练学生学习正确使用5点和4点量表，在确认学生理解测验要求后，再开始施测。

③调查时，采用团体调查、班主任不在场、不设置跳跃式问题、当场回收问卷和对资料保密等措施提高了应答的准确性。由家长填写的问卷也由调查员详细向家长解释后填写。由实验教师填写的调查表均在总结会上填写，并当场收回。调查结束后，对数据进行编码、筛选，剔除缺失值较多或明显回答不认真的问卷，确保录入信息的准确性。

④学期末总结会、重点人群访谈和教师总结的案例分析等重要的定性资料，请河北师范大学研究生协助记录或现场录音，保证资料的完整性和真实性。

(3)实验教师综合素质的质量控制。

①研究者本人曾接受过北京师范大学“新课程与教学改革”培训班的专门训练，有四年中学教学经历，并两次获得河北省体育优质课一等奖。

②另外两名实验课教师，分别来自河北师大附中(女)和石家庄市40中(男)。以上两位教师均有四年以上中学体育教学经历，是河北省体育骨干教师。他们自愿参与实验，有较强的科研意识和丰富的教学经验。

③由研究者召集和参加的研究型集体备课的形式，使教师严格按照干预内容和目标授课，保证教师授课的同质性，检查教师的备课情况，控制干预质量。

④通过电话随访、巡回听课、集体备课等形式，了解各学校的授课进度和教学情况，及时解决干预过程中出现的问题，

并进行自始至终的评估与改进。

(4)数据资料的质量控制。

①定量数据的回收和处理。

干预前学生问卷调查共收回问卷1453份；干预后，共回收问卷1438份；回测时，回收问卷1436份。剔除无效问卷后，干预前后回测的有效问卷数共1250组。有效率分别为85.46%、86.37%、86.26%，平均有效率分别为86.03%。由家长填写的问卷同样经过上述处理后再进行分析，问卷的有效率为87.29%。教师填写问卷的回收和有效率为100%。由此可以认为，本研究用于定量分析的资料有效率较高。

对于每一周期(干预前、后、回)的身体素质的考核和测量，采取同一学校、统一时间集中考核。考核前印制中学生身体素质考核表。组织测验学校体育教研室的教师按年级、班级、性别分组进行测试。及时将数据分类汇总，统一录入数据库。

②定性数据的收集和处理。

对教师备课会、随访听课以及个人访问、电话访问等均采取了现场记录；对教师总结会和重点人群访谈会采用现场记录和录音两种方法。

为了使干预活动能够顺利进行，研究者始终与实验教师和班主任保持良好的合作关系，密切配合教师工作，通过听课、讨论、电话随访等多种途径，及时了解干预中存在的问题。研究者积极组织实验学校开展丰富多彩的活动，为实验学校青少年体育俱乐部的建设和活动出谋划策，并参与了一系列的学生健身指导活动。同时，经常向学校领导汇报干预工作内容和进程，取得学校领导的支持。

研究者对每一个环节都进行了充分的准备和认真实施，确保所获得信息的真实性和准确性。总体而言，本研究从设计、实施和资料处理各个阶段都有严格的质量控制。因此，本研究结果是科学有效的。

7. 干预教育的评价

(1)对干预效果的评价。

①采用定量研究法，对实验前、后、回三次测试数据进行比较分析，了解学生身心变化情况。

②采用重点人群访谈法和个案调查法收集定性资料，了解干预教育的效果和影响。访谈对象主要有学生、教师、家长。

学生，主要包括：身体肥胖的学生、学习好而体育差的学生、特殊家庭的学生、通过问卷发现确有心理问题的学生。

教师，主要包括：各校主管体育的校长、班主任、生物/生理卫生教师、团委、学校心理辅导教师、校医、体育教师等。

家长，主要通过家长委员会与家长座谈，并重点与前述①中学生的家长取得联系，了解学生身心变化情况。

教育行政部门领导及主管人员。走访国家教委体卫艺司、河北省教委体卫处、石家庄市教委体卫处等教育决策机关，了解相关政策并取得支持。

(2)对干预过程的评价。

干预教育的过程评价主要是对教育内容、教学方法和教师教学能力的评价。

①学生填写《体育与健康教育评价表》就学习收获、教育内容、教学方式和教师教学能力四方面进行评分。

②由学校教学巡视员填写《教师课堂教学评价表》，主要对

教学目标、内容的完成情况、教育策略及学生的学练状态进行评分。

③实验教师填写《教学反馈表》，对教育策略的应用效果、内容的可接受性、课堂活动的可操作性、教学中出现的问题、学生身心反应等进行自我评估，并提出感想、意见和建议。

④每两周召开任课教师备课和总结会，对教材和教学情况进行评价。

⑤实验教师对体育课、青少年体育俱乐部的教育教学情况进行书面总结和评价。

(3)追踪评价。

① 重点人群访谈：干预结束后和回测时，从每个实验班学生中选取 2～4 名学生代表，共 25 人(编号分别为 A 到 Y)，分成 3 组，进行重点人群访谈，每组访谈 1.5 小时。对实验班的班主任进行 1 组重点人群访谈，共 6 位教师参加，访谈时间为 1 小时。访谈由研究者主持，有统一的访谈提纲(见附录)和专人记录，并现场录音。

②干预结束 3 个月后，对学生的心理健康、身体素质和体育与健康知识、信念、行为进行回测，以检验实验效果的巩固和保持情况，并对实验教师及实验组班主任进行了追踪调查，了解学生心理健康发展状况和体育行为习惯的保持情况。班主任则需填写一份追踪调查表，介绍学生在学习、锻炼、心理健康、同伴关系等方面的情况。

③干预结束后继续与个案访谈学生保持电话或电子邮件联系，了解学生的心理变化情况。

8. 资料分析与数据处理方法

(1)定量资料的分析。

把干预前、后、回三次测试的数据用 SPSS FOR WINDOW 11.5 统计软件建立数据库，根据学生的学校、班级、性别、出生日期等背景资料，使同一学生在三次调查中有相同的编号，剔除不相匹配或缺失过多的问卷，共获得有效学生数据 1250 组，占总调查人数的 86.03%。根据研究目的和设计要求，对测试结果采用干预前、后、回测自身纵向对比及实验组与对照组横向对比的方法进行分析。

将干预教育对心理健康和 KAP 的影响作为切入点，以心理健康、自尊、自信、社会适应、意志品质为因变量，以前测结果作为协变量，探讨干预教育的心理教育效应。主要方法有：

①一般描述性资料多样本率比较的卡方检验。

②实验组与对照组均数比较的 t 检验。

③实验组与对照组率比较的卡方检验。

④采用 One-way ANOVA 中 Post Hoc Multiple Comparisons 比较实验组学生各测试变量在不同时段的变化。

⑤采用协方差分析比较学生在干预后和回测时各测试变量的变化。

⑥采用相关分析研究各测试变量间密切程度及关系。

⑦采用回归分析研究因变量与自变量间变动的比例关系。

(2)定性资料的分析。

对重点人群访谈、个案调查、研究者听课记录、干预期间随访电话记录、教师集体备课记录、学期末总结会议记录、教师总结的案例分析等定性资料及时整理、分类，进行分析并归档。

(五)技术路线

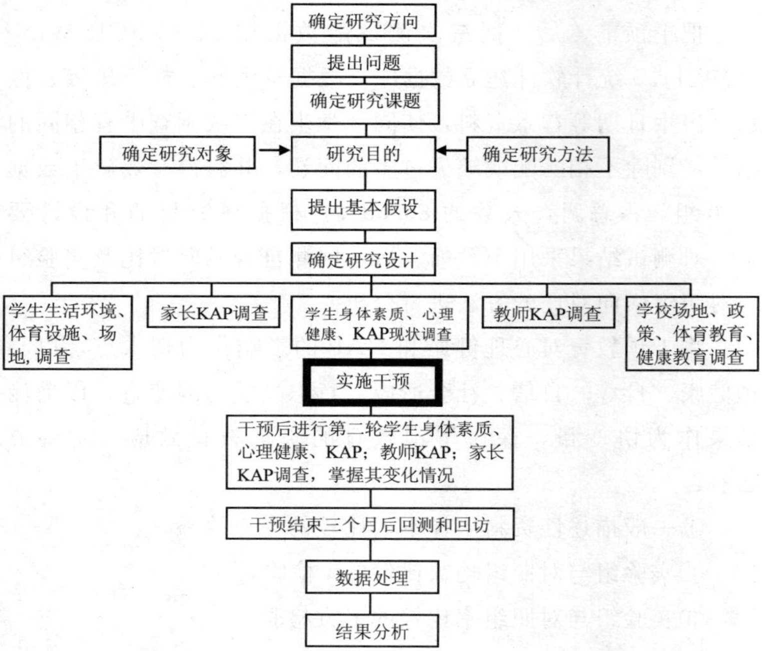

图 2-3-5-1　本研究的技术路线

第三章　结果与分析

一、干预教育前的现状分析

(一)干预教育前中学生体育与健康知识、信念、行为比较

干预前，学生的体育与健康的知识、信念、行为各项得分均较低。换算成百分后，知识、信念、行为的总均分分别为37.15分、57.98分、35.97分，KAP总均分为44.98分。若以60分计为合格，则三项一级指标均未及格。二级指标中，除体育与学习、体育锻炼的误区两项及格外，其余各项均未达到及格标准。其中，尤以知识部分各知识点的知晓率和行为部分的运动参与率及格分数相差较大：健康观知识的知晓率为36.50%，生理知识的知晓率为31.40%，身体素质知识的知晓率为29.88%，奥运常识知晓率为49.40%，一般运动常识知晓率为48.80%。以上数据表明，受测学生普遍缺乏基本的体育与健康的知识，甚至一些与身心健康密切相关的知识和每学期必测的体育项目是测试的哪种基本素质的应答正确率也不尽如人意。如此贫乏的知识基础必然影响中学生体育锻炼的效果以及运动参与的积极性和安全性。

自觉参加运动的频度低，每周自觉活动一次以下的学生占总人数的58.80%；每次活动时间少于30分钟的学生占33.8%。在问及“如果没有人督促你，你能自觉参加体育锻炼吗？”38.6%的学生的回答是否定的。

表 3-1-1-1　干预教育前中学生 KAP 问卷得分情况

维度 一级指标	维度 二级指标	题数	满分	百分换算	初中 M±SD	高中 M±SD	合计 M±SD	知晓率%
知识	健康观	4	6	6	2.13±1.37	2.19±1.42	2.19±1.42	36.50
	生理	8	10	9	3.03±1.41	3.14±1.46	3.14±1.46	31.40
	身体素质	4	8	7	2.27±1.36	2.39±1.39	2.39±1.39	29.88
	奥运	3	5	5	1.74±1.48	2.47±1.68	2.47±1.68	49.40
	一般运动常识	6	5	5	2.29±1.81	2.58±1.61	2.44±1.71	48.80
信念	体育与学习	4	6	6	4.97±1.03	4.88±1.12	4.67±1.23	81.33
	体育锻炼误区	20	10	9	7.57±1.81	7.87±1.09	7.72±1.55	77.20
	体育与心理健康	8	16	15	6.26±2.77	6.82±2.75	6.82±2.75	42.63
	锻炼态度与兴趣	5	10	9	5.14±2.11	4.93±2.07	4.93±2.07	49.30
行为	运动频度	5	8	7	5.01±1.31	4.47±2.32	4.47±2.32	55.88
	运动处方	4	7	7	2.75±1.56	2.50±1.48	2.50±1.48	35.71
	运动参与	7	16	15	4.74±2.76	4.18±2.64	4.18±2.64	26.13
KAP	知识总分	25	34	32	11.46±7.43	12.77±7.56	12.63±7.66	37.15
	信念总分	37	42	39	23.94±9.03	24.5±9.08	24.35±9.04	57.98
	行为总分	16	31	29	12.5±6.43	11.15±6.44	11.15±6.44	35.97
合计		78	107	100	47.9±22.89	48.42±23.08	48.13±23.14	44.98

学生自觉学习体育相关知识和健康传播的行为发生率较低，特别是同学之间交流很少，仅占 10.8%。此现象除与学生学业压力较大有关外，可能还与其缺乏足够的体育与健康相关知识，不重视体育课程有很大关系。因此，有必要对学生进行系统、生动的体育与健康知识的教育，激发他们学习和参与

体育的积极性。

不同性别、年级学生的比较表明，在运动频度、锻炼时间、参加体育活动的自觉性方面表现为女生不及男生，高中学生不及初中学生的现象，且后两者组间具有显著差异($P<0.01$)。而高中学生对于知识问题的回答明显优于初中学生($P<0.01$)，对于信念问题的回答两组间差异不显著。

在KAP问卷中，得分最高的是信念部分。其中，体育与学习、体育与心理健康关系的知晓率最高，分别达到81.33%、77.20%。这说明，大多数学生对于体育运动对身心健康和学习的重要作用是认可的，但与其体育运动参与率和健康知识知晓率相比差距较大。可见，人类行为的形成受生物、心理、社会等众多因素的制约，是一个非常复杂的过程。知识、信念与行为之间虽有密切的因果关系，但并非直接相关。在许多情况下，人们的知识、信念与行为之间并不完全协调。因此，教育必须发挥其鼓励、激发和正面引导的功能，启发和督促学生形成健康的生活方式。

(二)干预教育前中学生身体素质特征比较

体育与健康课程的主要任务和目标之一是增强学生的身体素质。本研究将身体素质作为一个重要的评价指标，试图分析健身行为的养成、身体素质的提高与学生心理健康状况改善之间的关系。测试的主要运动项目是从“2000年中国学生体质与健康调研”的素质项目中选取50米跑、1000米(男)/800米(女)、立定跳远、引体向上(男)/仰卧起坐(女)，以测试学生的速度、耐力、爆发力、力量素质，其测查依据和标准亦按照学生体质调研的要求进行。

表 3-1-2-1　干预教育前中学生身体素质分级比较

项目	等级	初　中				高　中				合并计算			
		男		女		男		女		初中		高中	
		人数	%	人数	%	人数	%	人数	%	人数	%	人数	%
50 米	A 优秀	21	6.50	17	5.47	27	8.54	17	5.67	38	5.99	44	7.14
	B 良好	93	28.79	81	26.05	99	31.33	73	24.33	174	27.44	172	27.92
	C 及格	155	47.99	173	55.63	162	51.27	164	54.67	328	51.74	326	52.92
	D 不及格	54	16.72	40	12.86	28	8.86	46	15.33	94	14.83	74	12.01
1000 米/800 米	A 优秀	16	4.95	12	3.86	19	6.01	10	3.33	28	4.42	29	4.71
	B 良好	74	22.91	65	20.90	88	27.85	52	17.33	139	21.92	140	22.73
	C 及格	162	50.15	161	51.77	170	53.80	168	56.00	323	50.95	338	54.87
	D 不及格	71	21.98	73	23.47	39	12.34	70	23.33	144	22.71	109	17.69
立定跳远	A 优秀	58	17.96	34	10.93	60	18.99	41	13.67	92	14.51	101	16.40
	B 良好	115	35.60	88	28.30	120	37.97	75	25.00	203	32.02	195	31.66
	C 及格	126	39.01	152	48.87	118	37.34	149	49.67	278	43.85	267	43.34
	D 不及格	24	7.43	37	11.90	18	5.70	35	11.67	61	9.62	53	8.60
引体向上/仰卧起坐	A 优秀	14	4.33	72	23.15	30	9.49	66	22.00	86	13.56	96	15.58
	B 良好	54	16.72	106	34.08	57	18.04	101	33.67	160	25.24	158	25.65
	C 及格	113	34.98	110	35.37	128	40.51	120	40.00	223	35.17	248	40.26
	D 不及格	142	43.96	23	7.40	101	31.96	13	4.33	165	26.03	114	18.51
合计(平均)	A 优秀	27	8.36	34	10.93	27	8.54	17	5.67	61	9.62	44	7.14
	B 良好	83	25.70	85	27.33	98	31.01	74	24.67	168	26.50	172	27.92
	C 及格	140	43.34	148	47.59	163	51.58	163	54.33	288	45.43	326	52.92
	D 不及格	73	22.60	44	14.15	28	8.86	46	15.33	117	18.45	74	12.01
合　计		323	100	311	100	316	100	300	100	634	100	616	100

（注：按《2003 年河北省中学生毕业与升学体育考试实施方案》中体育课综合得分等级分布测算。

A 优秀：100～90；B 良好：89～75；C 及格：74～60；D 不及格：59 分以下。）

干预前，中学生身体素质存在明显的年级主效应。高中男生各项身体素质明显优于初中男生（P＜0.001），高中女生力量素质测试结果较初中女生好（立定跳远 P＝0.05、仰卧起坐 P＝0.12），其他各项素质组间差异不显著，但是女生的速度、耐力素质有随年级下降的趋势，初中女生的 50 米、800 米的测试结果要好于高中女生。

由身体素质分级比较可见，中学生身体素质呈现明显的组间聚集现象，多数学生的成绩集中在“及格”分数段中，女生成绩的这一特征更为明显。

从学生四项素质等级分布来看，男生成绩表现为立定跳远的成绩最好，其后依次为 50 米、1000 米、引体向上；女生的成绩由好到差依次为仰卧起坐、立定跳远、50 米、1000 米。

表 3-1-2-2　干预教育前中学生身体素质特征比较

项目	初中		高中		合计	
	男	女	男	女	男	女
	M±SD	M±SD	M±SD	M±SD	M±SD	M±SD
50 米	8.21±0.72	9.43±0.84	8.36±0.64	8.40±0.65	8.28±0.68	8.91±0.75
1000 米/800 米	273.95±36.03	258.89±32.67	256.94±30.41	257.31±30.32	265.44±33.22	258.10±31.49
立定跳远	205.22±21.97	165.50±18.60	201.75±18.70	201.50±18.38	203.49±20.34	183.50±18.49
引体向上（男）	3.25±4.01	32.71±9.69	20.54±7.26	20.74±6.90	11.89±5.63	—
仰卧起坐（女）	8.21±0.72	9.43±0.84	8.36±0.64	8.40±0.65	—	26.73±8.30

（注：50 米、1000 米/800 米单位为秒；立定跳远的单位为厘米；仰卧起坐/引体向上的单位为次。）

(三)干预教育前中学生体育锻炼感觉比较

体育活动后的心理感觉作为一种情绪反馈信息，直接关系到学生对体育活动的满意程度，很大程度上影响着学生体育活动的参与热情和坚持进行体育活动的行为。有研究表明，中小学生参加适宜的体育锻炼后获得的运动愉快感有益于心理健康①。

表 3-1-3-1　干预教育前中学生体育锻炼感觉特征比较

项目	初中		高中		合计	
	男	女	男	女	初中	高中
	M±SD	M±SD	M±SD	M±SD	M±SD	M±SD
精神振作感	6.59±3.28	6.35±2.93	6.36±2.79	6.09±2.49	6.47±3.11	6.22±2.64
安静感	5.52±2.70	5.68±2.50	5.56±2.41	5.15±2.32	5.60±2.60	5.35±2.36
疲劳感	9.58±4.31	9.70±4.01	9.51±3.70	8.95±3.57	9.64±4.16	9.23±3.63
积极参与感	14.62±6.63	14.78±6.16	14.56±5.69	13.61±5.50	14.70±6.40	14.08±5.59
EFI 总分	36.26±16.00	36.50±14.97	35.99±13.50	33.65±13.08	36.38±15.48	34.82±13.29

干预前，高中组学生在安静感和疲劳感上得分大于初中组，而在精神振作感和积极参与感上得分低于初中组，但组间差异不显著(P＞0.05)。

除精神振作感方面表现为男生高于女生(P＝0.01)外，其他各维度男女生差异均不显著。

① 李林、季浏：《不同强度锻炼的心理效应及其与心理健康的关系》，载《中国体育科技》，1999(5)。

此结果表明，不同年龄层次、不同性别的青少年，体育运动后的心理感觉有一定差异，提示我们在实施干预教育时，应注意区别对待，以满足不同学生的身心需求。

(四)干预教育前中学生意志品质状况比较

意志是人自觉地确定目的，并根据目的调节支配自身行动，克服困难，去实现预定目标的心理过程①。学校体育对培养学生的意志品质具有特殊的作用，它以身体练习为主要形式，在体育实践中培养学生的意志品质。《体育与健康课程标准》把“形成克服困难的坚强意志品质”作为体育课程“心理健康目标”之一。

干预前，不同年级学生意志品质比较表明高中学生意志品质总分高于初中学生，但差异不显著(P＝0.06)。不同性别学生的意志品质比较，组间差异不显著。

意志品质坚强(81～100)的学生占总测试人数的5.36％，意志较坚强(61～80)的学生占42.4％，意志品质一般(41～60)的学生为42.88％，意志品质较薄弱(21～40)的学生占7.12％，意志品质很薄弱(0～21)的学生占测试学生总数的2.24％。

表3-1-4-1　干预教育前中学生意志品质分段比较

意志分段	初中				高中				初中合计		高中合计		总计	
	男		女		男		女							
	人数	%	人数	%	人数	%	人数	%	人数	%	人数	%	人数	%
81～100	14	4.31	13	4.28	21	6.56	19	6.37	27	4.26	40	6.49	67	5.36

① 郑日昌：《中学生心理诊断》，济南，山东教育出版社，1998。

续表

意志分段	初中				高中				初中合计		高中合计		总计	
	男		女		男		女							
	人数	%	人数	%	人数	%	人数	%	人数	%	人数	%	人数	%
61～80	126	38.87	128	41.02	145	45.96	139	46.23	247	38.96	283	45.94	530	42.40
41～60	141	43.51	130	41.86	126	40.02	126	42.11	277	43.69	260	42.21	536	42.88
21～40	31	9.62	30	9.73	20	6.43	13	4.31	61	9.62	27	4.38	89	7.12
0～21	12	3.69	10	3.11	3	1.03	3	0.98	22	3.47	6	0.97·	28	2.24
合计	323	100	311	100	316	100	300	100	634	100	616	100	1250	100

表 3-1-4-2　干预教育前中学生意志品质均值比较

维　度	男	女	合　计
	M±SD	M±SD	M±SD
初中意志总分	69.76±8.94	68.50±9.05	69.13±8.99
高中意志总分	72.50±9.08	73.37±8.03	72.93±8.55

意志品质坚强与否是心理健康的一个重要方面。它直接影响到学习、锻炼等学生在校各项行动完成的质量和标准。从以上测试结果分析，大多数学生的意志品质状况良好，这就为干预教育提供了良好的人际氛围，保证中学生在未来的干预活动中能够积极配合，从事有益身心的健康活动。同时也应看到，仍有超过一半的学生的意志品质得分较低，提示在中学生开展相关教育的必要性和紧迫性。

本书除采用定量评价的方法分析学生意志品质外，还与学生的志向水平的高低、有无近期努力目标以及目标有无意义、平时体育课和体育健康俱乐部的参与及努力情况、体育身体素质测试等四方面相结合，分析学生的意志品质状况，并制订相应的解决方案。

(五)干预教育前中学生整体自尊比较

自尊是个体对自我价值、自我评价和自我接纳的总体感觉，是主体正确的自我情感体验。它表达了一种肯定或否定的态度，表明个体在多大程度上相信自己是有能力的、重要的、成功的、有价值的。简言之，自尊是一个人对自我价值的判断。

干预前，不同年级学生自尊水平不同，高中组学生自尊总分比初中组学生高($P<0.05$)。

女生自尊较男生高，但男女比较，组间差异不显著($P>0.05$)。

表 3-1-5-1　干预教育前不同年级学生自尊水平比较

维　度	男	女	合　计
	M±SD	M±SD	M±SD
初中自尊总分	15.95±2.55	15.51±3.25	15.73±2.89
高中自尊总分	17.13±1.96	16.98±1.85	17.06±1.91

(六)干预教育前中学生情绪状况比较

身体活动和体育锻炼的情绪效应是锻炼心理学中研究较为广泛的心理健康问题。中学生的情绪状态与其整体心理状态直接相关，保持良好的情绪是心理健康的重要标志之一。

干预前，在不同性别学生的情绪比较差异亦不显著。

不同年级比较中发现，初中学生 FI、VA 的得分比高中学生高(FI：$F=8.07$，$P<0.001$；VA：$F=11.31$，$P<0.001$)，且初中学生的积极情绪得分也较高中组学生高($F=6.44$，$P=0.01$)。

表 3-1-6-1 干预教育前中学生情绪状态比较

维度	初中		高中		合计	
	男	女	男	女	初中	高中
	M±SD	M±SD	M±SD	M±SD	M±SD	M±SD
慌乱 CB	4.41±4.08	5.06±4.15	5.40±4.03	5.67±3.84	4.73±4.12	5.53±3.93
压抑 DD	4.09±4.21	4.19±4.42	5.21±5.26	5.23±5.03	4.14±4.31	5.22±5.14
紧张 TA	4.61±4.92	4.63±4.99	5.14±5.01	5.04±4.34	4.62±4.96	5.09±4.68
疲劳 FI	4.63±4.77	5.58±4.42	5.15±4.07	4.71±4.01	5.10±4.60	4.93±4.04
愤怒 AH	5.93±6.10	5.18±5.75	6.05±5.14	5.17±5.41	5.56±5.93	5.61±5.27
自尊 SS	13.10±3.41	13.24±3.57	11.12±3.58	11.90±3.01	13.17±3.49	11.51±3.29
精力 VA	12.65±6.10	12.63±6.03	11.61±5.41	9.98±5.54	12.64±6.06	10.79±5.47
积极情绪得分	25.75±8.47	26.17±8.74	22.60±8.05	21.05±7.82	25.96±8.60	21.83±7.94
消极情绪得分	23.13±19.09	23.48±22.04	26.34±21.49	25.61±21.24	23.30±20.57	25.97±21.37

(七)干预教育前中学生自信状况比较

一般认为，自信是一个人对自己能力或技能的感受，是对自己有效应付各种环境的主观评价。其内容涵盖学业表现、体育运动、外表、友情、社会相互作用及同人交谈等方面。自信是心理健康的重要表现，也是中学生健康成长的重要促成因素。

干预前，中学生的自信状况存在较为显著的年级主效应。总体而言，高中学生较初中学生更为自信(PEI 总分比较，$P<0.05$)。其中，在“学业自信”和“外表”的比较中，高中学生的得分高于初中学生($P<0.05$)，而在“体育运动”方面初中学生较高中学生更为自信($P<0.001$)。

不同性别学生自信的表现亦有一定差异。在“体育运动”方面男生较女生更为自信($P<0.05$)，而女生在“外表”“当众讲话”方面较男生得分高($P<0.001$)。总体而言，女生比男生更为自信($P<0.05$)。

表 3-1-7-1　干预教育前中学生自信状态(PEI)比较

维度	初中		高中		合计	
	男	女	男	女	初中	高中
	M±SD	M±SD	M±SD	M±SD	M±SD	M±SD
学业自信	16.19±2.43	16.88±2.18	16.74±2.27	17.15±2.16	16.54±2.30	16.95±2.21
体育运动	12.99±1.87	12.26±2.37	12.36±1.71	11.82±1.80	12.62±2.12	12.09±1.75
外表	15.01±2.89	15.72±2.08	15.44±1.90	15.85±1.69	15.36±2.48	15.64±1.80
友情	9.81±1.96	10.36±1.71	9.91±1.31	10.19±1.42	10.08±1.84	10.05±1.36
社会交互	17.46±2.90	17.63±2.45	17.25±2.10	17.57±2.09	17.55±2.67	17.41±2.09

续表

维度	初中		高中		合计	
	男	女	男	女	初中	高中
	M±SD	M±SD	M±SD	M±SD	M±SD	M±SD
当众讲话	17.21±2.96	17.85±2.10	17.36±2.27	17.85±1.86	17.53±2.53	17.60±2.06
影响自信心境	17.84±3.22	18.22±2.62	18.18±2.27	18.54±2.11	18.03±2.92	18.36±2.19
PEI 总分	121.06±14.94	125.46±9.15	123.65±9.09	126.79±7.40	123.26±12.05	125.22±8.25

(八)干预教育前中学生社会适应能力比较

社会适应是个体在与社会环境的交互过程中，主动地顺应、调控和改变环境，最终达到与社会环境保持和谐关系和平衡状态。就其心理结构而言，社会适应能力是指个体通过不断地适应社会生活环境而表现出来的一种稳定的行为模式①。

干预前，不同性别学生的社会适应能力差异亦不显著（$P>0.05$）。高中学生的社会适应能力较初中学生好，但组间差异不显著($P>0.05$)。

中学生社会适应能力分级比较表明，61.04%的学生社会适应能力较好，34.08%的学生社会适应能力一般，还有4.88%的中学生社会适应能力较差。这说明仍有近一半的中学生的社会适应能力有待进一步提高。

---

① 陈建文：《青少年社会适应的理论与实证研究：结构、机制与功能》，西南师范大学博士论文，2001.6。

表 3-1-8-1　干预教育前中学生社会适应能力分级比较

意志分段	初中				高中				初中合计		高中合计		总计	
	男		女		男		女							
	人数	%	人数	%	人数	%	人数	%	人数	%	人数	%	人数	%
较好	181	56.04	188	60.45	203	64.24	191	63.67	369	58.20	394	63.96	763	61.04
中等	120	37.15	108	34.73	100	31.65	98	32.67	228	35.96	198	32.14	426	34.08
较差	22	6.81	15	4.82	13	4.11	11	3.67	37	5.84	24	3.90	61	4.88
合计	323	100	311	100	316	100	300	100	634	100	616	100	1250	100

(九)干预教育前中学生总体心理健康状况比较

干预前，中学生心理健康存在年级主效应，心理健康总分及均分随年级而增加。高二学生总体的心理健康状况明显不及初二学生。除适应不良(P＞0.05)外，高中组学生在心理健康的其他九个维度中存在问题的人数均多于初中组(P＜0.05)，其中在焦虑、学习压力感、情绪波动三方面，高中组有问题的人数比初中组多(P＜0.01)。这一结果表明，高中学生较初中学生承受更大的心理负担，其心理健康问题应引起学校、家庭和社会的广泛关注。

中学生心理健康存在性别主效应，男生的心理健康状况好于女生。女生 MMHI 总分高于男生，且阳性项目数亦多于男生(P＜0.05)。由于女生的青春期来得比男生早，性格较男生更偏内向，更注意细节，遵从传统和权威，因此体验到的心理冲突更大。这一结果提示，在未来的干预研究中应重视女生的心理保健工作，同时注意不同性别学生的区别对待。

表 3-1-9-1　干预教育前中学生心理健康得分比较

维度	初中		高中		合计	
	男	女	男	女	初中	高中
	M±SD	M±SD	M±SD	M±SD	M±SD	M±SD
强迫	1.86±0.57	2.01±0.60	1.93±0.61	1.99±0.55	1.94±0.59	1.96±0.58
偏执	1.75±0.66	1.88±0.74	1.82±0.64	1.82±0.58	1.82±0.70	1.82±0.61
敌对	1.82±0.65	1.62±0.73	1.89±0.73	1.75±0.89	1.72±0.69	1.82±0.81
人际紧张	1.78±0.57	2.02±0.81	1.94±0.73	2.09±0.78	1.90±0.69	2.02±0.76
抑郁	1.87±0.62	2.04±0.72	1.90±0.61	2.17±0.73	1.96±0.67	2.04±0.67
焦虑	1.66±0.63	1.88±0.74	1.89±0.81	2.06±0.83	1.77±0.69	1.98±0.82
学习压力感	1.88±0.83	1.91±0.77	2.07±0.80	2.01±0.71	1.90±0.80	2.04±0.76
适应不良	1.91±0.62	1.91±0.64	2.01±0.62	2.01±0.65	1.91±0.63	2.01±0.64
情绪波动	1.80±0.62	1.84±0.72	2.04±0.70	2.06±0.71	1.82±0.67	2.05±0.71
心理不平衡	1.90±0.63	1.94±0.66	2.00±0.60	1.94±0.58	1.92±0.65	1.97±0.59
MMHI总分	104.05±28.06	112.72±29.50	115.88±32.30	120.32±33.63	108.39±28.78	118.10±32.97
总均分	1.81±0.64	1.91±0.71	1.94±0.53	2.01±0.57	1.86±0.68	1.98±0.55

续表

维度	初中		高中		合计	
	男	女	男	女	初中	高中
	M±SD	M±SD	M±SD	M±SD	M±SD	M±SD
阳性项目数	28.53±13.06	33.00±13.38	32.83±12.92	35.69±12.14	30.77±13.22	34.26±12.53
阴性项目数	31.45±13.27	27.01±13.44	27.01±12.91	24.18±12.21	29.23±13.36	25.60±12.56
阳性项目均分	2.61±0.46	2.62±0.52	2.64±0.50	2.62±0.53	2.62±0.49	2.63±0.52

初中学生存在轻度以上心理行为问题的比例为57.26%。在强迫、偏执、适应不良、学习压力感、情绪波动、心理不平衡六个维度及心理健康总分上存在问题的人数较多(轻、中度人数之和大于50%)。这一结果说明，在当前学生总体中独生子女占多数的情况下，引导、帮助中学生形成良好的性格、正确的生活观念，提高学生适应学习、生活的能力已成为教育工作者义不容辞的责任。

高中学生存在轻度以上心理行为问题的比例为59.24%。按问题的严重程度，从大到小依次为：强迫、学习压力感、心理不平衡、情绪波动、偏执、适应不良、焦虑、人际紧张敏感(此前维度轻、中度人数之和大于50%)、敌对、抑郁。

学生的总体心理健康状况良好，存在中度及以上心理问题的学生占测试总体的7.28%。但轻度及以上心理问题的学生占总测试人数的58.25%，说明学生中潜在心理健康问题仍不容忽视。我国中学生基数较大，学生的异常心理倾向有可能发展为严重的心理问题。学校教育应引导学生掌握心理健康知识和调节心理的方法，在必要时给以理解、疏导，以促进中学生健康成长。

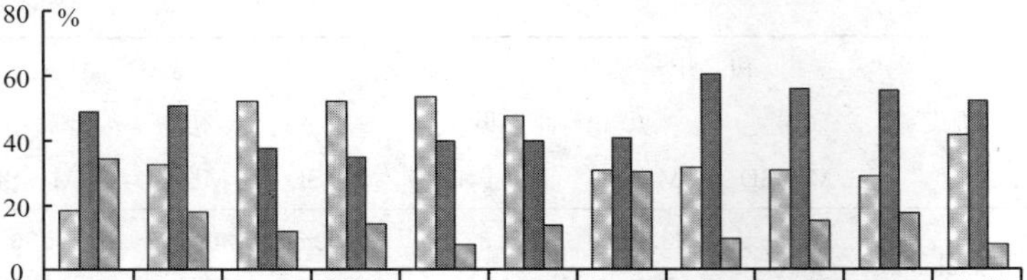

	强迫	偏执	敌对	人际紧张敏感	抑郁	焦虑	学习压力感	适应不良	情绪波动	心理不平衡	心理健康
无	17.92	32.16	51.44	51.84	52.96	47.2	30.08	30.96	30.32	28.56	40.96
轻度	48.24	50.32	37.12	34.4	39.52	39.52	40.32	60.08	55.12	54.64	51.76
中度	33.84	17.52	11.44	13.76	7.52	13.28	29.6	8.96	14.56	16.8	7.28

图 3-1-9-1　干预前学生总体心理健康状况测试结果

(十)小结

干预教育前，中学生普遍缺乏正确的体育与健康知识，正确的体育与健康观尚未建立。“知而不行、行而不知”现象较为严重。

中学生身体素质较差，相当一部分学生在及格分数线上徘徊。男生突出表现为耐力、力量差，女生表现为速度、耐力差。中学生身体素质现状亟待改观。

接受测试的中学生中存在中度及以上心理健康问题的学生占学生总数的 7.28%，说明学生总体的心理健康状况良好。但是初、高中学生存在轻度以上心理行为问题的比例分别为 57.26%和 59.24%。不同年级、不同性别的学生的心理健康存在一定差异，表现为初中学生好于高中学生，男生好于女生。学校、家庭、社会有责任帮助和引导学生形成健康的心理，教给他们相关心理知识和一些实用的调节心理的方法，在必要时给以理解、疏导，以促进广大中学生健康成长。

中学生在自尊、自信、意志品质、情绪和社会适应能力五个领域存在一定的问题，且不同年级、性别的学生表现维度、程度不同，需要引导和教育。

社会调查和重点人群访谈表明，学生、家长、教师对普及体育与健康教育有强烈的需求，但是新课程的理念尚未深入基层，许多一线中学教师对新颁布的《体育与健康课程标准》一无所知。在当前的教育形势下，制约体育教育效果的主要因素包括：教师知识能力结构的优化，教学内容的实用性，教学方法的灵活性等一系列问题。

体育与健康教育与正在全国开展的新课程改革与实验的教育理念相吻合，表明此项教育活动的必要性和可行性。本研究将以学生中普遍存在的心理、行为问题为切入点，对实验组学生进行体育与健康干预教育。

干预教育前，实验组和对照组学生在心理健康、身体素质、体育与健康知识、信念、行为的社会学调查和需求分析表明，对中学生进行身心素质的综合干预和教育具有重要的理论和现实价值。

二、干预教育后的效果分析

干预教育后的效果分析主要采用以干预教育、性别、年龄为自变量，以 KAP、身体素质、心理健康的各项测试指标为因变量，以学生前测成绩为协变量的协方差分析，同时结合时间主效应的多重比较，进行相关数据的统计处理和分析。

(一)干预教育对中学生体育与健康知识、信念、行为的影响

干预后，实验组 KAP 各维度得分均较对照组均有增长($P<0.05$)，其中，知识、信念、行为的总分均值分别增长了14.85，11.44，12.85。实验组 KAP 总分由干预前的 49.26 增

长为89.77。与自身相比，实验组学生知、信、行及KAP总分的组间差异显著(P<0.01)。对照组学生的KAP各项得分也有所增长，但其知、信、行各项得分与前测得分相比，组间差异不显著(P>0.05)，这说明实验组学生在排除其他因素的影响后，KAP得分的增长很大程度上源于本次干预教育。

回测数据表明，干预效果具有一定的持续性。实验组学生KAP得分保持较好，表现为知识总分有所上升，而信念、行为的得分稍有下降(分别下降1.70，3.00)，KAP总分为86.49。由于实验组学生进入中、高考阶段，学习任务加重，这可能是KAP得分下降的主要原因之一。但是结合学生访谈仍可发现，大部分学生能够积极参加课内外的体育活动，并能够自觉地在锻炼中进行自我健康监测。

表3-2-1-1　干预后及回测时初中学生KAP问卷得分比较

测试内容		后测			回测		
一级指标	二级指标	实验组 M±SD	对照组 M±SD	P	实验组 M±SD	对照组 M±SD	P
知识	健康观	5.54±1.40	2.18±1.44	**	5.56±0.98	2.16±1.58	**
	生理	7.57±1.58	2.87±1.54		7.47±1.55	2.94±2.12	
	身体素质	5.65±1.72	2.35±1.34		5.63±1.37	2.32±1.67	
	奥运	4.78±1.79	1.88±1.58		4.75±0.85	2.03±1.94	
	一般运动常识	4.77±1.34	3.15±1.17		4.73±1.02	3.42±1.34	
信念	体育与学习	5.28±1.52	4.35±1.00	**	5.06±1.33	4.95±0.65	**
	体育锻炼误区	7.69±1.60	5.43±1.38		7.54±1.45	6.55±1.61	
	体育与心理健康	13.12±2.15	6.38±2.35		13.24±1.76	6.38±2.72	
	锻炼态度与兴趣	8.67±1.90	4.92±2.15		8.35±1.27	5.01±1.46	

续表

测试内容		后测			回测		
一级指标	二级指标	实验组 M±SD	对照组 M±SD	P	实验组 M±SD	对照组 M±SD	P
	运动频度	6.07±1.83	4.86±2.08		6.23±1.74	5.16±2.32	
行为	运动处方	6.40±1.22	2.79±1.02	***	6.30±1.02	2.13±1.37	***
	运动参与	13.05±2.10	4.78±2.41		13.14±2.32	8.03±2.84	
	知识总分	26.94±4.56	12.43±7.07		28.14±5.77	12.87±8.65	
KAP	信念总分	35.89±4.18	24.73±6.88	***	34.19±5.81	22.89±6.44	***
	行为总分	25.57±4.20	13.14±5.51		25.67±5.08	15.32±6.53	
	KAP总分	89.77±7.94	50.29±19.46		88.00±16.66	51.08±21.62	

（注：* P＜0.05；** P＜0.01；*** P＜0.001。）

表 3-2-1-2　干预后初中学生 KAP 问卷得分及知晓率比较

测试内容		实验组			对照组			
一级指标	二级指标	男 M±SD	女 M±SD	知晓率%	男 M±SD	女 M±SD	知晓率%	P
	健康观	5.59±1.36	5.50±1.45	92.33	2.11±1.65	2.25±1.24	36.33	**
	生理	7.40±1.43	7.74±1.72	84.11	2.83±1.36	2.91±1.72	31.89	**
知识	身体素质	5.49±1.57	5.80±1.88	80.71	2.42±1.34	2.28±1.34	33.57	**
	奥运	4.82±1.68	4.74±1.90	95.60	1.98±1.59	1.77±1.58	37.60	**
	一般运动常识	4.68±1.55	4.86±1.14	95.40	3.24±1.07	3.06±1.27	63.00	*
	体育与学习	5.52±0.50	5.89±0.21	83.00	4.65±1.38	5.50±0.62	82.50	*
	体育锻炼误区	7.65±1.87	7.73±1.33	82.89	6.58±1.39	6.72±1.37	84.22	*
信念	体育与心理健康	13.02±1.94	13.23±2.36	87.47	6.57±2.23	6.43±2.47	42.53	***
	锻炼态度与兴趣	8.52±1.78	8.82±2.02	96.33	5.86±2.18	5.99±2.12	64.56	**

续表

测试内容		实验组			对照组			
一级指标	二级指标	男 M±SD	女 M±SD	P	男 M±SD	女 M±SD	知晓率%	P
行为	运动频度	6.02±1.74	5.92±1.93	85.29	5.85±1.99	5.30±2.17	79.43	*
	运动处方	6.02±1.43	6.79±1.01	91.43	2.97±1.00	2.64±1.04	39.86	**
	运动参与	13.02±1.85	13.09±2.35	87.00	4.68±2.41	4.90±2.42	31.87	**
KAP	知识总分	27.98±4.36	28.68±4.75	84.19	12.58±7.00	12.27±7.14	38.84	***
	信念总分	35.02±4.36	36.76±4.01	92.03	24.66±7.18	24.74±6.57	60.85	***
	行为总分	26.02±4.35	25.12±4.05	88.17	13.50±5.40	12.83±5.63	45.31	**
KAP 总分		89.02±7.36	90.52±8.52	89.77	50.74±19.58	49.84±19.34	50.29	***

（注：* P＜0.05；** P＜0.01；*** P＜0.001。）

表3-2-1-1、表3-2-1-2表明，初中实验组学生干预后知识得分增长最为显著。与前测得分相比，后测得分增长了14.85，回测得分增长了16.05。知识的知晓率由干预前的37.15%提高到84.19%。干预后信念得分与前测相比，后测得分增长11.44，回测得分增长9.74。信念的知晓率由干预前的57.98%提高到92.03%。干预后行为得分与前测相比，后测得分增长12.85，回测得分增长9.85。健康行为的参与率由干预前的35.97%提高到88.17%。回测时，初中学生的运动参与和运动频度均有增长，其中实验组学生的锻炼态度、方法和兴趣明显优于对照组学生。据实验组班主任反映，在学期之初，学生就已经开始按照干预教育中设计的身体素质运动处方开展针对中考体育的集体锻炼。这一现象除了受到干预教育的良好影响外，还与中考体育加试的应试引导作用有关。

表 3-2-1-3　干预后及回测时高中学生 KAP 问卷得分比较

测试内容		后　测			回　测		
一级指标	二级指标	实验组 M±SD	对照组 M±SD	P	实验组 M±SD	对照组 M±SD	P
知识	健康观	5.83±1.10	2.33±1.54	**	5.85±1.07	2.35±1.44	**
	生理	7.42±1.31	2.85±1.58		7.52±1.43	2.78±1.92	
	身体素质	6.42±1.10	2.39±1.26		6.37±1.02	2.36±1.56	
	奥运	4.88±1.19	3.18±1.81		4.86±0.97	3.42±1.92	
	一般运动常识	4.42±1.13	2.74±1.78		4.57±1.03	2.81±1.67	
信念	体育与学习	5.58±1.37	5.24±1.88	*	5.52±1.28	5.33±1.08	*
	体育锻炼误区	7.74±1.05	6.18±2.57		7.52±1.48	6.02±2.15	
	体育与心理健康	12.96±2.91	6.58±2.60		13.16±2.11	6.84±2.73	
	锻炼态度与兴趣	7.53±1.47	5.09±2.02		7.85±1.15	4.24±2.33	
行为	运动频度	5.79±2.19	4.12±2.13	*	5.01±2.24	3.98±2.46	*
	运动处方	5.91±1.05	2.30±1.42		4.29±2.11	2.21±1.32	
	运动参与	13.70±2.69	4.71±2.50		10.70±3.42	4.15±2.86	
KAP	知识总分	28.97±5.82	13.47±7.97	*	29.17±5.52	13.72±8.51	*
	信念总分	33.81±3.48	23.08±9.06		34.05±6.02	22.43±8.29	
	行为总分	25.39±4.15	11.12±6.05		20.00±7.77	10.34±6.64	
	KAP 总分	88.17±13.44	47.67±23.07		83.22±19.31	46.49±23.44	

（注：* P<0.05；** P<0.01；*** P<0.001。）

由表 3-2-1-3、表 3-2-1-4 可见，高中实验组学生干预后知、信、行得分与前测得分相比，分别增长了 15.59、10.2、15.57。其知识掌握情况较初中组好，但组间差异不显著。回测时，高中实验组学生锻炼行为的保持情况不如初中学生，体育参与行为的降幅较初中组显著（P<0.05）。但其健康行为与

高中对照组相比仍明显优于后者。重点人群访谈表明，回测时高中学生升至高三年级，高考压力加大，学习任务繁重，这在很大程度上影响了高中学生的体育行为参与率。

表 3-2-1-4　干预后高中学生 KAP 问卷得分及知晓率比较

测试内容		实验组			对照组			
一级指标	二级指标	男 M±SD	女 M±SD	知晓率%	男 M±SD	女 M±SD	知晓率%	P
	健康观	5.82±1.07	5.84±1.13	97.17	2.46±1.62	2.19±1.46	38.75	**
	生理	7.35±1.36	7.49±1.25	82.44	2.73±1.58	2.97±1.58	31.67	**
知识	身体素质	6.02±1.03	6.81±1.17	91.57	2.56±1.33	2.21±1.18	34.07	**
	奥运	4.83±1.24	4.93±1.13	97.60	3.24±1.65	3.11±1.97	63.50	*
	一般运动常识	4.49±1.16	4.35±1.10	88.40	2.75±1.67	2.72±1.89	54.70	**
	体育与学习	5.48±1.70	5.68±1.04	93.00	5.21±1.83	5.26±1.92	87.25	*
	体育锻炼误区	7.83±1.17	7.65±0.92	86.00	6.12±2.76	6.23±2.38	68.61	*
信念	体育与心理健康	13.18±3.36	12.73±2.46	86.40	6.56±2.43	6.6±2.77	43.87	***
	锻炼态度与兴趣	7.83±1.16	7.23±1.78	83.67	5.06±2.11	5.11±1.92	56.50	**
	运动频度	5.83±2.32	5.74±2.05	82.71	4.25±2.36	3.98±1.89	58.79	**
行为	运动处方	5.83±1.17	5.99±0.93	84.43	2.31±1.37	2.29±1.47	32.86	**
	运动参与	13.86±2.76	13.53±2.61	91.27	4.55±2.35	4.86±2.65	31.37	***
	知识总分	28.51±5.86	29.42±5.78	90.50	13.74±7.85	13.2±8.08	42.09	***
KAP	信念总分	34.34±3.61	33.28±3.35	86.69	22.95±9.13	23.2±8.99	59.17	***
	行为总分	25.53±3.96	25.25±4.33	87.55	11.11±6.08	11.13±6.01	38.34	**
KAP 总分		88.38±13.42	87.95±13.46	88.17	47.8±23.06	47.53±23.08	47.67	***

（注：* P<0.05；** P<0.01；*** P<0.001。）

现代健康教育着眼于人们的行为改变，强调“知、信、行”的统一。健康传播学理论认为，人们的行为改变过程一般分为四个层次：“知晓健康信息——健康信息认同——态度改变——采纳健康行为。”①以上结果表明，系统的干预教育对学生掌握知识、建立信念和形成习惯有重要的引导和督促作用。干预教育初步改变了学生体育与健康知识、信念、态度与行为之间不协调的状况，由“知而不行、行而不知”到“知而行、行而亦知”的知行统一的和谐发展状态。

(二)干预教育对中学生身体素质的影响

“身体素质通常是指人体的基本活动能力，是人体各器官系统的机能在肌肉工作中的反映。人们把人体机能在肌肉工作中反映出来的力量、速度、耐久力、灵敏性、柔韧性、协调性和平衡性等能力统称为身体素质。”②

身体素质是体质的重要组成部分，它与人的体型、体格、机能、神经反应和心理等均有密切关系。身体素质经常潜在地表现在人们的生活、学习和劳动中，自然也表现在体育运动成绩方面。研究表明，身体素质的好坏与遗传有关，也有明显的可塑性，与后天的营养和体育锻炼有密切的关系。根据唯物主义身心一元论的思想，人体的形态结构、生理功能、身体素质和心理健康及对内外环境的适应能力，是相互依存、相互影响、相互制约的。

本研究选取四项身体素质作为测试指标：(1)心肺功能：

---

① 北京医科大学主编：《健康传播学》，北京，人民卫生出版社，1993。

② 陈明达、于道中：《实用体质学》，239页，北京，北京医科大学、中国协和医科大学联合出版社，1993。

1000 米跑(男)/800 米跑(女)；(2)速度：50 米跑；(3)肌肉力量：立定跳远；(4)肌肉耐力：引体向上(男)/仰卧起坐(女)。良好的心肺功能可以预防心血管疾病，特别是冠心病的发生；适宜的速度素质练习，可以改善神经对肌肉的支配，提高肌肉的工作效率；强健的肌肉是完成人体各种运动的必需。所以，这 4 个方面的良好状态，提供和保证了人们安全地从事运动的能力，也是检测干预教育效果的重要方面。

从表/图 3-2-2-1 至表/图 3-2-2-2 可见，干预后实验组和对照组学生四项身体素质均有不同程度提高，但实验组增幅较大，且组间差异显著。实验组学生素质提高幅度从大到小依次是力量(引体向上/仰卧起坐，P＜0.01)、耐力(1000 米/800 米，P＜0.01)、肌肉爆发力(立定跳远，P＜0.05)、速度素质(50 米，P＜0.05)。回测时，实验组学生身体素质测试的成绩仍较对照组学生优秀，除高中实验组女生的 800 米和立定跳远外，其他各实验组成绩与对照组间差异显著。结合回测时学生、家长访谈的结果，表明干预教育后学生体育锻炼的自觉性明显加强，素质保持情况较好。

表 3-2-2-1　干预后、回测时中学生身体素质变化比较

时段	测试项目	男生			女生		
		实验组 M±SD	对照组 M±SD	%	实验组 M±SD	对照组 M±SD	%
后测	50 米	7.67±0.56	7.81±0.60	−1.79*	9.12±0.80	9.43±0.90	−3.29*
	1000 米/800 米	249.07±32.55	262.03±32.96	−4.95*	250.68±30.48	261.27±31.94	−4.05*
	立定跳远	228.40±22.72	218.65±21.45	4.46*	176.12±19.77	169.51±18.43	3.90*
	引体向上/仰卧起坐	8.04±2.94	5.33±3.79	49.85**	43.74±9.29	36.55±9.26	19.67*

续表

时段	测试项目	男生 实验组 M±SD	男生 对照组 M±SD	%	女生 实验组 M±SD	女生 对照组 M±SD	%
回测	50米	7.70±0.58	7.85±0.62	−1.91*	9.15±0.88	9.40±0.90	−2.66*
	1000米/800米	253.23±34.49	265.62±34.77	−4.66*	254.07±28.42	261.86±31.00	−2.97*
	立定跳远	229.03±23.22	219.80±21.58	4.20*	175.55±18.65	170.46±18.33	2.99*
	引体向上/仰卧起坐	7.74±3.57	5.63±3.43	37.48**	43.75±8.76	36.60±8.55	19.54**

（注：(1)50米、1000米/800米单位为秒[s]；立定跳远的单位为厘米[cm]；仰卧起坐/引体向上的单位为次[time]；

(2)%(增长率)=(实验班－对照班)/对照班＊100；

(3)▲P>0.05；* P<0.05；**P<0.01。）

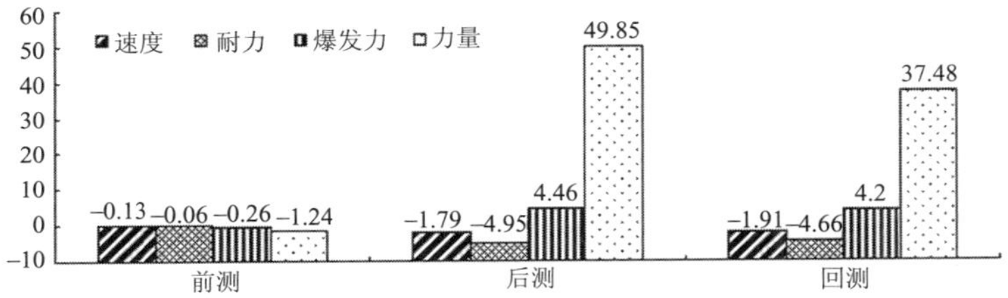

图 3-2-2-1　干预前、后、回测男生身体素质变化情况

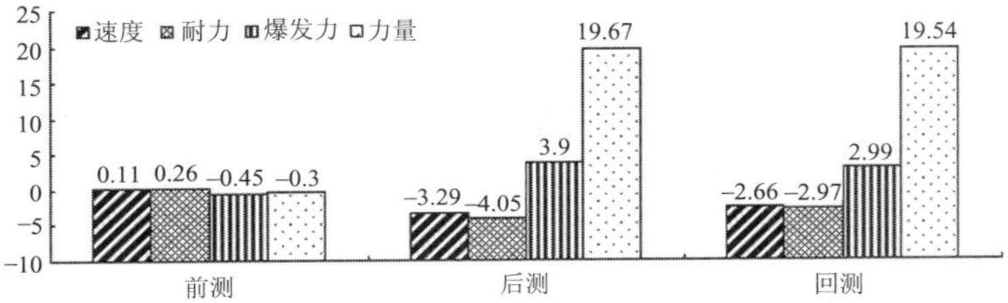

图 3-2-2-2　干预前、后、回测女生身体素质变化情况

由表3-2-2-2可见，干预后实验组学生身体素质优秀率由实验前的10.03%提高到18.73%，良好率由26.99%提高到45.13%，不及格率由16.96%下降到8.11%。对照组学生的优秀率和良好率也有一定的提高，但提高幅度没有实验组大，实验后两组的测试结果组间差异显著(P<0.05)。回测时，学生的优秀率和良好率都有一定的下降，但实验组与对照组相比，组间差异仍然显著。从后测和回测的身体素质分级情况来看，实验组学生的身体素质测试成绩表现为由干预前在“及格”水平聚集上升为在“良好”水平聚集的现象，而对照组学生的三次身体素质测试成绩均表现为在“及格”水平聚集的现象。这也说明干预教育对提高学生身体素质具有良好的效应，大多数学生能够保持良好的锻炼习惯，从而使身体素质水平得以提高和保持。

表3-2-2-2 干预后、回测时中学生身体素质分级比较

内容	等级	干预后					回测				
		实验组		对照组		P	实验组		对照组		P
		人数	%	人数	%		人数	%	人数	%	
50米	A优秀	59	8.70	41	7.17	*	52	7.67	37	6.47	*
	B良好	326	48.08	162	28.32		315	46.46	154	26.92	
	C及格	232	34.22	305	53.32		246	36.28	314	54.90	
	D不及格	58	8.55	64	11.19		65	9.59	67	11.71	
1000米/800米	A优秀	56	8.26	28	4.90	*	49	7.23	26	4.55	*
	B良好	360	53.10	135	23.60		356	52.51	135	23.60	
	C及格	190	28.02	310	54.20		200	29.50	311	54.37	
	D不及格	72	10.62	100	17.48		74	10.91	101	17.66	

续表

内容	等级	干预后					回测				
		实验组		对照组		P	实验组		对照组		P
		人数	%	人数	%		人数	%	人数	%	
立定跳远	A 优秀	147	21.68	95	16.61	*	140	20.65	91	15.91	*
	B 良好	308	45.43	192	33.57		303	44.69	184	32.17	
	C 及格	177	26.11	241	42.13		186	27.43	254	44.41	
	D 不及格	46	6.78	43	7.52		48	7.08	44	7.69	
引体向上/仰卧起坐	A 优秀	247	36.43	93	16.26	*	241	35.55	85	14.86	**
	B 良好	232	34.22	156	27.27		221	32.60	154	26.92	
	C 及格	156	23.01	214	37.41		171	25.22	224	39.16	
	D 不及格	44	6.49	108	18.88		44	6.49	108	18.88	
合计（平均）	A 优秀	127	18.73	64	11.19	*	120	17.70	59	10.31	*
	B 良好	306	45.13	161	28.15		299	44.10	156	27.27	
	C 及格	189	27.88	267	46.68		202	29.79	276	48.25	
	D 不及格	55	8.11	79	13.81		57	8.41	81	14.16	

（注：* P＜0.05；** P＜0.01。）

表 3-2-2-3 表明，初中学生的身体素质呈增长趋势，实验组学生身体素质增幅明显大于对照组学生（P＜0.05）。干预后，男生实验组与对照组相比，身体素质增幅从大到小依次为引体向上（P＜0.01）、1000 米跑（P＜0.05）、立定跳远和 50 米跑（P＜0.05）；女生实验组与对照组相比，身体素质增幅从大到小依次为仰卧起坐（P＜0.01）、800 米跑（P＜0.05）、立定跳远和 50 米跑（P＜0.05）。这反映了男生上肢肌肉力量的引体向上和反映女生腰腹部肌肉力量的仰卧起坐及耐力素质较速度和爆发力易于通过练习而提高。回测时，初中学生素质仍呈增长

趋势，男生的速度、耐力和女生耐力素质都有所降低，但实验组的情况仍好于对照组。结合学生访谈可知，多数实验组学生能够自觉坚持体育锻炼，在锻炼方法和积极性方面都优于对照组学生，这一点在体育与健康知、信、行问卷中也有所反映。

表 3-2-2-3　干预后、回测时初中组学生身体素质变化比较

时段	测试项目	男生			女生		
		实验组 M±SD	对照组 M±SD	%	实验组 M±SD	对照组 M±SD	%
后测	50米	8.08±0.54	8.16±0.69	−0.98▲	9.17±0.63	9.44±0.86	−2.86*
	1000米/800米	256.27±32.19	271.19±32.49	−5.50*	248.75±33.42	263.56±35.21	−5.62*
	立定跳远	216.86±24.38	209.45±23.59	3.54*	175.47±19.66	168.27±17.64	4.28*
	引体向上/仰卧起坐	7.14±2.76	4.37±3.22	63.39**	42.86±8.95	35.16±9.72	21.90**
回测	50米	8.11±0.48	8.21±0.74	−1.22*	9.16±0.88	9.44±0.92	−2.76*
	1000米/800米	259.49±34.72	275.93±36.57	−5.96*	251.39±32.45	263.74±32.68	−4.68*
	立定跳远	218.71±26.06	210.74±24.36	3.78*	176.52±18.83	168.89±18.34	4.52*
	引体向上/仰卧起坐	7.43±3.46	4.52±3.31	64.38**	43.15±8.67	36.06±8.83	16.43**

（注：1. %(增长率)=(实验班−对照班)/对照班＊100；2. ▲P＞0.05；*P＜0.05；**P＜0.01。）

由表 3-2-2-4 至表 3-2-2-5 和图 3-2-2-3 至图 3-2-2-5 可见，干预后初中实验组学生优秀率由实验前的 9.73%提高到 20.89%，良好率由 26.89%提高到 48.03%，不及格率由 18.98%下降到 8.84%。初中对照组学生的优秀率和良好率也有一定的提高，但提高幅度没有实验组大，且前后测组间差异不显著。回测时，初中学生的优秀率和良好率都有一定的下降，但实验组与对照组相比，差异仍然显著。这说明干预教育具有良好的延续性，大多数学生能够保持良好的锻炼习惯，从而使身体素质水平得以保持。

表 3-2-2-4　干预后初中组学生身体素质分级比较

测试项目	等级	实验组				对照组				合并计算				P
		男		女		男		女		实验组		对照组		
		人数	%	人数	%	人数	%	人数	%	人数	%	人数	%	
50 米	A 优秀	17	9.96	13	7.97	12	8.12	9	6.37	31	8.99	21	7.26	*
	B 良好	99	56.81	83	49.76	48	32.69	35	24.49	183	53.37	84	28.65	
	C 及格	39	22.15	53	31.84	68	45.72	84	58.1	92	26.88	151	51.83	
	D 不及格	19	11.08	17	10.43	20	13.47	16	11.04	37	10.76	36	12.27	
1000 米/800 米	A 优秀	15	8.76	12	7.31	9	5.92	6	4.16	28	8.05	15	5.05	*
	B 良好	112	64.11	88	52.57	36	24.28	29	20.46	200	58.47	65	22.40	
	C 及格	23	13.25	50	29.86	76	51.34	80	55.29	73	21.36	156	53.29	
	D 不及格	24	13.88	17	10.26	27	18.46	29	20.09	41	12.11	56	19.26	
立定跳远	A 优秀	47	26.67	31	18.65	27	18.22	18	12.43	78	22.75	45	15.36	*
	B 良好	92	52.48	82	48.97	55	36.87	40	28.12	174	50.77	95	32.55	
	C 及格	25	14.49	42	25.02	57	38.57	72	50.22	67	19.63	129	44.32	
	D 不及格	11	6.36	12	7.36	9	6.34	13	9.23	23	6.85	23	7.77	
引体向上/仰卧起坐	A 优秀	30	16.87	120	71.95	7	4.64	39	26.96	150	43.77	46	15.65	**
	B 良好	82	46.84	19	11.37	26	17.83	52	36.17	101	29.52	78	26.87	
	C 及格	51	29.01	21	12.72	61	41.5	45	31.21	72	21.06	106	36.43	
	D 不及格	13	7.28	7	3.96	53	36.03	8	5.66	19	5.66	61	21.05	
合计（平均）	A 优秀	27	15.57	44	26.47	14	9.23	18	12.48	71	20.89	32	10.83	*
	B 良好	96	55.06	68	40.67	41	27.92	39	27.31	164	48.03	81	27.62	
	C 及格	35	19.73	42	24.86	66	44.28	70	48.71	76	22.24	136	46.46	
	D 不及格	17	9.65	13	8	27	18.58	17	11.51	30	8.84	44	15.09	

（注：* $P<0.05$；** $P<0.01$。）

表 3-2-2-5　回测时初中组学生身体素质分级比较

测试项目	等级	实验组				对照组				合并计算				P
		男		女		男		女		实验组		对照组		
		人数	%	人数	%	人数	%	人数	%	人数	%	人数	%	
50 米	A 优秀	16	8.94	10	6.22	11	7.64	8	5.49	26	7.61	19	6.58	*
	B 良好	95	54.32	78	46.57	45	30.11	33	22.67	173	50.54	77	26.44	
	C 及格	43	24.74	63	37.76	71	47.86	86	59.86	106	31.10	157	53.78	
	D 不及格	21	12	16	9.45	21	14.39	17	11.98	37	10.75	39	13.20	
1000 米/800 米	A 优秀	13	7.43	11	6.59	8	5.18	6	3.84	24	7.02	13	4.52	*
	B 良好	111	63.62	86	51.28	34	22.69	31	21.37	197	57.59	64	22.04	
	C 及格	27	15.31	53	31.62	78	52.91	79	54.72	80	23.27	157	53.80	
	D 不及格	24	13.64	18	10.51	28	19.22	29	20.07	41	12.11	57	19.64	
立定跳远	A 优秀	45	25.94	29	17.16	25	16.91	17	11.85	74	21.65	42	14.41	*
	B 良好	89	51.06	77	46.38	52	35.27	39	27.17	167	48.77	91	31.28	
	C 及格	28	16.13	48	28.84	61	41.01	75	52.13	76	22.34	136	46.49	
	D 不及格	12	6.87	13	7.62	10	6.81	13	8.85	25	7.24	23	7.82	
引体向上/仰卧起坐	A 优秀	27	15.31	116	69.37	6	3.93	37	25.38	143	41.71	42	14.51	**
	B 良好	79	45.39	20	12.06	26	17.45	51	35.41	100	29.11	77	26.31	
	C 及格	56	31.84	24	14.52	64	43.49	49	34.12	80	23.38	113	38.87	
	D 不及格	13	7.46	7	4.05	52	35.13	7	5.09	20	5.79	59	20.32	
合计(平均)	A 优秀	25	14.41	41	24.84	12	8.42	17	11.64	67	19.50	29	10.01	*
	B 良好	94	53.60	65	39.07	39	26.38	38	26.66	159	46.50	77	26.52	
	C 及格	39	22.01	47	28.19	69	46.32	72	50.21	86	25.02	141	48.24	
	D 不及格	17	9.99	13	7.91	28	18.89	17	11.50	31	8.97	45	15.24	

(注：* $P<0.05$；** $P<0.01$。)

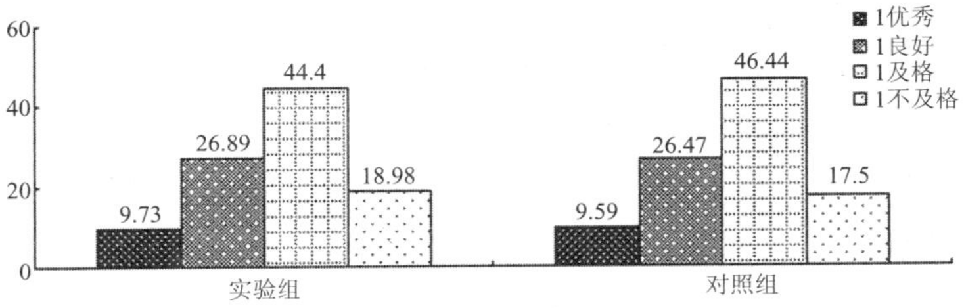

图 3-2-2-3 干预前初中学生身体素质分级比较

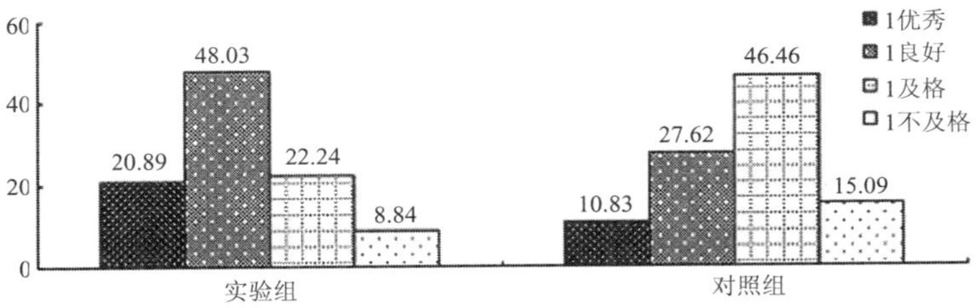

图 3-2-2-4 干预后初中学生身体素质分级比较

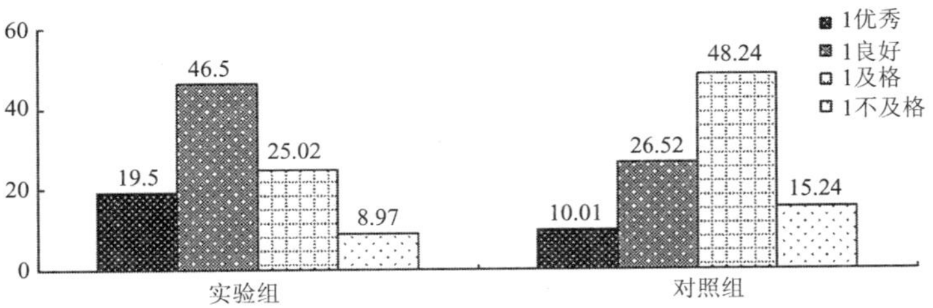

图 3-2-2-5 回测时初中学生身体素质分级比较

由表 3-2-2-6 可看出，高中组学生的四项身体素质也呈现出一定的增长趋势。干预教育后，实验组学生身体素质增幅大于对照组学生(P<0.05)。实验结束后，男生实验组与对照组按身体素质增幅相比，从大到小依次为引体向上(P<0.01)、

立定跳远（P＜0.05）、1000 米跑（P＜0.05）和 50 米跑（P＜0.05）；女生实验组与对照组按身体素质增幅相比，从大到小依次为仰卧起坐（P＜0.01）、50 米跑（P＜0.05）、立定跳远（P＜0.05）和 800 米跑（P＜0.05）。男生上肢肌肉力量和女生腰腹部肌肉力量仍表现出最明显的提高。从不同性别学生素质增幅比较来看，男生身体素质的提高要大于女生。回测时，高中学生身体素质出现下降，但与对照组学生比较，实验组男生的四项素质成绩保持较好，两组间仍有显著差异（P＜0.05）。而女生总体身体素质下降较男生显著（P＜0.05），实验组女生与对照组女生的四项素质有趋近趋势，除仰卧起坐和 50 米跑的回测成绩与对照组比较差异显著（P＜0.05）外，800 米跑和立定跳远的成绩均与对照组无显著性差异（P＞0.05）。此结果说明高中女生在实验结束后参与体育运动的频度和时间保持状况不佳，造成回测身体素质下降。这一点在学生访谈中也有所体现。

表 3-2-2-6　干预后、回测时高中组学生身体素质变化比较

时段	测试项目	男生 实验组 M±SD	男生 对照组 M±SD	男生 %	女生 实验组 M±SD	女生 对照组 M±SD	女生 %
后测	50 米	7.25±0.58	7.46±0.51	−2.82*	9.06±0.96	9.41±0.94	−3.72*
	1000 米/800 米	241.86±32.91	252.87±33.42	−4.35*	252.61±27.54	258.98±28.67	−2.46*
	立定跳远	239.94±21.05	227.84±19.31	5.31*	176.77±19.87	170.74±19.22	3.53*
	引体向上/仰卧起坐	8.93±3.11	6.89±4.36	29.61**	44.62±9.63	37.93±8.79	17.64**

续表

时段	测试项目	男生			女生		
		实验组 M±SD	对照组 M±SD	%	实验组 M±SD	对照组 M±SD	%
回测	50 米	7.28±0.67	7.48±0.49	−2.67*	9.18±0.87	9.38±0.87	−2.13*
	1000 米/800 米	246.97±34.26	255.31±32.96	−3.27*	256.75±24.39	259.96±29.31	−1.24▲
	立定跳远	239.34±20.38	226.85±18.79	5.51*	174.58±18.46	172.03±18.31	1.48▲
	引体向上/仰卧起坐	8.04±3.67	6.57±3.54	19.59**	44.35±8.84	36.14±8.27	22.72**

（注：▲P＞0.05；* P＜0.05；** P＜0.01；*** P＜0.001。）

从高中组学生身体素质分级比较中仍可看出上述趋势和现象。干预后实验组学生优秀率由 10.90％提高到 16.68％，良好率由 26.85％提高到 42.33％，不及格率由 7.91％下降到 7.50％。对照组学生的优秀率和良好率也有一定的提高，但两组间具有显著性差异(P＜0.05)。回测时，高中学生的优秀率和良好率都有一定的下降，不及格率有所回升，但实验组与对照组相比，差异仍然显著。

结合重点人群访谈表明，高中学生较初中学生承受更大的学习和身心压力，特别是在进入高三年级之后，学生学习和心理压力骤升。学生把大部分时间用于学习而使体育活动的量与强度下降，使本应处于上升阶段的学生的身体素质出现大面积下降。身体素质是健康的外在指标，其显著下降预示着学生体质的下降。关注高三学生的身心健康，合理引导、教育并督促他们参加体育活动和身体锻炼，提高学生体质，不仅是学生保持良好学习状态的重要保证，也是促进中学生身心健康发展的体质基础。

表 3-2-2-7　干预后高中组学生身体素质分级比较

内容	等级	实验组				对照组				合并计算				P
		男		女		男		女		实验组		对照组		
		人数	%	人数	%	人数	%	人数	%	人数	%	人数	%	
	A优秀	16	9.21	13	8.12	12	8.34	8	5.79	29	8.67	20	7.12	
50米	B良好	71	41.77	73	43.88	47	31.95	32	24.07	144	42.81	79	28.18	*
	C及格	73	42.85	67	40.64	76	51.9	77	57.24	140	41.76	152	54.46	
	D不及格	10	6.17	12	7.16	11	7.81	17	12.9	22	6.66	29	10.25	
	A优秀	16	9.36	13	7.85	8	5.36	5	3.92	29	8.61	13	4.67	
1000米/800米	B良好	74	43.68	86	51.71	47	31.86	23	16.98	160	47.65	69	24.74	*
	C及格	65	38.2	52	31.07	76	52.13	78	57.84	117	34.68	154	54.86	
	D不及格	15	8.76	16	9.37	16	10.65	28	21.26	30	9.06	44	15.73	
	A优秀	36	21.34	33	19.74	29	19.84	21	15.49	69	20.55	50	17.76	
立定跳远	B良好	62	36.72	72	43.08	60	41.03	37	27.36	134	39.86	97	34.49	*
	C及格	61	35.85	49	29.32	49	33.79	63	47.33	110	32.62	113	40.27	
	D不及格	10	6.09	13	7.86	8	5.34	13	9.82	23	6.96	21	7.48	
	A优秀	31	18.16	66	39.85	12	8.31	35	25.87	97	28.88	47	16.71	
引体向上/仰卧起坐	B良好	65	38.37	66	39.64	27	18.57	51	38.16	131	39.00	78	27.95	**
	C及格	55	32.11	29	17.32	64	43.93	44	32.69	83	24.80	108	38.55	
	D不及格	19	11.36	5	3.19	43	29.19	4	3.28	25	7.32	47	16.79	
	A优秀	25	14.52	31	18.89	15	10.46	17	12.77	56	16.68	32	11.57	
合计(平均)	B良好	68	40.14	74	44.58	45	30.85	36	26.64	142	42.33	81	28.84	*
	C及格	63	37.25	49	29.59	66	45.44	65	48.78	112	33.47	132	47.03	
	D不及格	14	8.10	11	6.90	19	13.25	16	11.82	25	7.50	35	12.56	

（注：* $P<0.05$；** $P<0.01$。）

表 3-2-2-8　回测时高中组学生身体素质分级比较

内容	等级	实验组				对照组				合并计算				P
		男		女		男		女		实验组		对照组		
		人数	%	人数	%	人数	%	人数	%	人数	%	人数	%	
50 米	A 优秀	14	8.21	12	6.94	11	7.23	7	5.23	25	7.58	18	6.27	*
	B 良好	69	40.33	73	44.09	43	29.39	33	24.57	142	42.19	76	27.08	
	C 及格	73	43.17	67	40.54	78	53.64	79	58.96	141	41.87	157	56.19	
	D 不及格	14	8.29	14	8.43	14	9.74	15	11.24	28	8.36	29	10.46	
1000 米/800 米	A 优秀	14	8.36	11	6.85	7	5.01	5	3.89	26	7.61	13	4.47	*
	B 良好	74	43.68	85	51.23	47	32.15	23	17.13	159	47.41	70	24.96	
	C 及格	67	39.2	53	31.93	75	51.11	79	58.97	120	35.61	154	54.87	
	D 不及格	15	8.76	17	9.99	17	11.73	27	20.01	31	9.37	44	15.69	
立定跳远	A 优秀	38	22.13	28	17.11	30	20.22	19	14.32	66	19.65	49	17.40	*
	B 良好	62	36.31	75	45.24	56	38.29	37	27.78	137	40.72	93	33.26	
	C 及格	58	33.94	52	31.59	53	36.15	65	48.25	110	32.78	117	41.94	
	D 不及格	13	7.62	10	6.06	8	5.34	13	9.65	23	6.85	21	7.40	
引体向上/仰卧起坐	A 优秀	30	17.92	68	41.24	10	6.93	32	23.54	99	29.44	42	14.88	*
	B 良好	60	35.25	62	37.51	25	17.26	52	38.97	122	36.37	77	27.65	
	C 及格	62	36.36	29	17.71	66	45.43	45	33.79	91	27.15	112	39.86	
	D 不及格	18	10.47	6	3.54	44	30.38	5	3.7	24	7.05	49	17.61	
合计（平均）	A 优秀	24	14.16	30	18.04	14	9.85	16	11.75	54	16.07	30	10.76	*
	B 良好	66	38.89	74	44.52	43	29.27	36	27.11	140	41.67	79	28.24	
	C 及格	65	38.17	51	30.44	68	46.58	67	49.99	115	34.35	135	48.21	
	D 不及格	15	8.79	12	7.01	21	14.30	15	11.15	27	7.91	36	12.79	

（注：* $P<0.05$。）

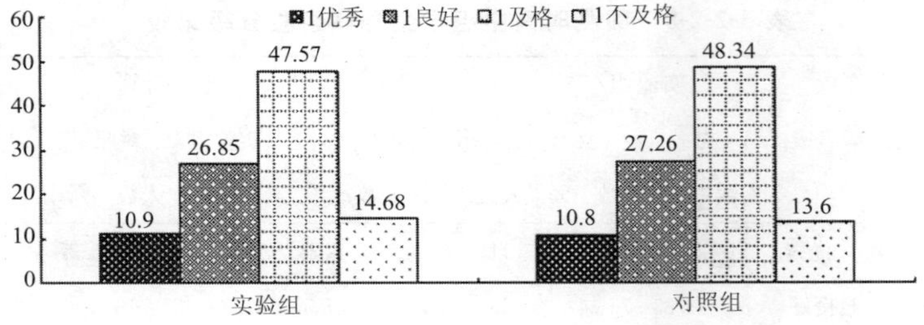

图 3-2-2-6　干预前高中学生身体素质分级比较

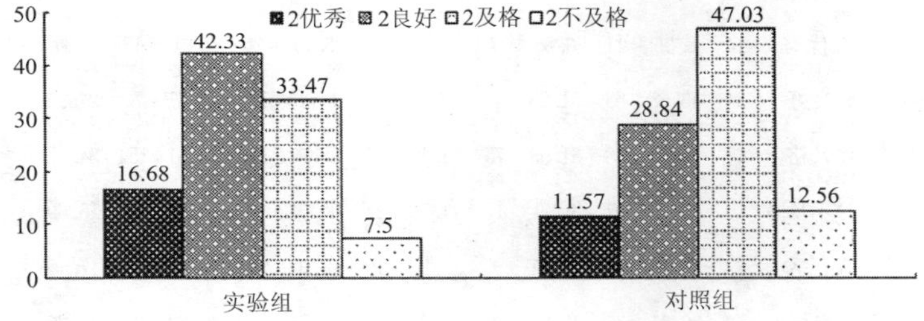

图 3-2-2-7　干预后高中学生身体素质分级比较

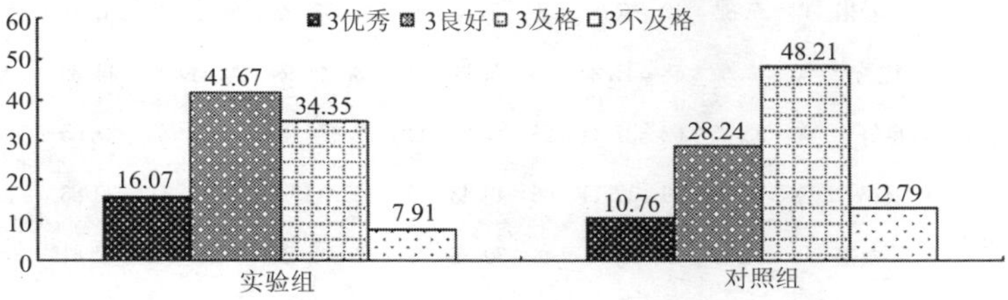

图 3-2-2-8　回测时高中学生身体素质分级比较

表 3-2-2-9　实验组中学生身体素质变化的时间主效应的多重比较结果

因变量	前测与后测	后测与回测	前测与回测
	P 值	P 值	P 值
50 米	0.05*	0.67▲	0.05*

续表

因变量	前测与后测	后测与回测	前测与回测
	P值	P值	P值
1000米/800米	0.02*	0.45▲	0.05*
立定跳远	0.05*	0.71▲	0.05*
引体向上/仰卧起坐	0.01**	0.35▲	0.01**

（注：▲P＞0.05；*P＜0.05；**P＜0.01。）

多重比较表明，实验组学生身体素质在不同测试时段身体素质的变化差异（表3-2-2-8）。从干预前与干预后、干预前与回测的比较中可见，四项身体素质增长显著；而后测和回测的差异不显著。结合表3-2-2-1到表3-1-2-8的分析表明，实验组学生在速度、耐力、力量和爆发力四项身体素质的测试成绩上都有明显增长，且在回测时保持较好。

（三）干预教育对中学生体育锻炼感觉的影响

运动愉快感是指在运动过程中体验到喜悦与快乐的心理感觉，是运动的心理健康效应达到最大值的一个重要因素。体育活动后产生的运动愉快感来源于生理需要或心理需要的满足，如成功感、自由感、自我控制、竞争，这些心理反应本身具有直接的健康效应，使参加者更易获得积极的心理健康状态，同时也影响个体坚持锻炼的程度。分析干预教育后学生的锻炼感觉和运动愉快感，可了解学生参与体育与健康教育的心理状态和运动习惯形成的原因。

由表3-2-3-1可见，干预后，实验组学生在精神振作感和积极参与感两个维度的比较中较对照组有显著提高（P＜0.05），同时安静感均值下降而疲劳感上升，但组间差异不显著（P＞0.05）。回测时，实验组和对照组在四个维度上都有所下降，但实验组下降较对照组慢，实验组学生在精神振作感和积极参与感两个维度的比较中，得分仍较对照组高（P＜0.05）。回测时，高中学生四个维度的得分回落明显，与后测结果相比虽无显著差异，但持续下降的趋势可见一斑。

表 3-2-3-1　干预后、回测时中学生体育锻炼感觉变化比较

时段	维度	实验组		对照组		合并计算		P
		初中	高中	初中	高中	实验组	对照组	
		M±SD	M±SD	M±SD	M±SD	M±SD	M±SD	
后测	精神振作感	8.79±2.95	7.92±2.65	5.41±3.02	5.27±2.31	8.36±2.80	5.34±2.67	*
	安静感	5.40±2.65	5.40±2.29	5.46±2.61	5.48±2.32	5.40±2.47	5.47±2.47	▲
	疲劳感	5.72±2.93	5.58±2.74	5.10±3.17	5.18±2.70	5.75±2.84	5.14±2.94	▲
	积极参与感	7.99±2.89	7.77±4.16	6.72±2.81	6.48±2.60	7.88±3.53	6.60±2.71	*
回测	精神振作感	8.28±3.27	7.34±2.90	5.45±2.88	5.19±2.40	7.81±3.09	5.32±2.64	*
	安静感	4.65±2.37	4.77±2.26	4.66±2.36	4.54±2.77	4.71±2.32	4.60±2.57	▲
	疲劳感	5.33±3.43	5.36±2.60	5.17±3.17	4.64±2.33	5.35±3.02	4.91±2.75	▲
	积极参与感	7.93±3.10	7.50±3.90	6.79±2.37	5.10±2.81	7.72±3.50	5.94±2.59	*

（注：▲P＞0.05；* P＜0.05。）

表 3-2-3-2 的数据表明，干预后，初中实验组学生在精神振作感和积极参与感两个维度的比较中较对照组有显著提高(P<0.05)，同时安静感下降而疲劳感上升，但组间差异不显著(P>0.05)。由实验组前后两次测试的自身结果比较可发现，干预教育后，实验组学生的精神振作感、积极参与感和疲劳感三个维度均有明显上升(P<0.05)；安静感稍有下降，但差异不显著(P>0.05)。不同性别实验组学生前后两次测试结果比较，组间差异不大，但女生在积极参与感和疲劳感上较男生上升幅度大，说明干预教育很好地调动了女生参与锻炼的积极性。回测数据表明，初中实验组学生在四个维度上都较后测有所下降，但与后测相比差异不显著，与对照组相比仍能保持相对较高的精神振作感和积极参与感(P<0.05)。

表 3-2-3-2　干预后、回测时初中学生体育锻炼感觉变化比较

时段	维　度	实验班 男 M±SD	实验班 女 M±SD	合计 M±SD	对照班 男 M±SD	对照班 女 M±SD	合计 M±SD	P
后测	精神振作感	8.82±3.26	8.76±2.64	8.79±2.95	5.60±3.61	5.22±2.43	5.41±3.02	*
	安静感	5.37±2.72	5.43±2.58	5.40±2.65	5.28±2.75	5.64±2.47	5.46±2.61	▲
	疲劳感	5.6±3.00	5.84±2.85	5.72±2.93	4.76±3.24	5.44±3.09	5.10±3.17	*
	积极参与感	8.10±2.91	7.88±2.87	7.99±2.89	7.23±2.87	6.21±2.74	6.72±2.81	*

续表

时段	维度	实验班		合计	对照班		合计	P
		男	女		男	女		
		M±SD	M±SD	M±SD	M±SD	M±SD	M±SD	
回测	精神振作感	8.12±3.77	8.43±2.76	8.28±3.27	5.68±3.32	5.22±2.43	5.45±2.88	*
	安静感	4.56±2.48	4.73±2.26	4.65±2.37	4.45±2.17	4.86±2.55	4.66±2.36	▲
	疲劳感	5.32±3.89	5.34±2.97	5.33±3.43	5.29±3.24	5.04±3.09	5.17±3.17	▲
	积极参与感	8.21±3.13	7.64±3.06	7.93±3.10	7.33±2.42	6.25±2.31	6.79±2.37	*

（注：▲P＞0.05；* P＜0.05。）

表3-2-3-3显示，干预后，高中组测试结果与初中组表现出相近的趋势。高中实验组学生在精神振作感和积极参与感两个维度的比较中较对照组有显著提高（P＜0.05），同时安静感下降而疲劳感上升，但组间差异不显著（P＞0.05）。实验组前后两次测试的自身结果比较可发现，干预后实验组学生的精神振作感、积极参与感和疲劳感三个维度均有明显上升（P＜0.05），安静感稍有下降，但差异不显著（P＞0.05）。不同性别实验组学生前后两次测试结果比较，仍表现为女生在积极参与感和疲劳感上较男生上升幅度大，说明干预教育中针对高中女生开展的形体等体现女生运动特点的项目很好地调动了女生参与锻炼的积极性。与初中组不同的是，高中组学生的回测数据回落幅度较大。表明学生在高三年级将更多的时间和精力投入文化课的学习，运动参与率较高二时有所下降。回测时，高

中实验组学生在四个维度上都较后测有所下降，但组间差异不显著，与对照组相比仍能保持相对较高的精神振作感和积极参与感(P＜0.05)。但是女生各维度下降较男生大。此结果说明，女生对体育运动的参与表现为易调动而难维持，也从一个侧面反映高三女生较男生承担更大的心理压力。

表 3-2-3-3　干预后、回测时高中学生体育锻炼感觉变化比较

时段	维度	实验班 男 M±SD	实验班 女 M±SD	合计 M±SD	对照班 男 M±SD	对照班 女 M±SD	合计 M±SD	P
后测	精神振作感	7.87±2.70	7.96±2.59	7.92±2.65	5.35±2.41	5.18±2.21	5.27±2.31	*
	安静感	5.45±2.18	5.34±2.40	5.40±2.29	5.33±2.40	5.62±2.23	5.48±2.32	▲
	疲劳感	5.47±2.70	5.68±2.78	5.58±2.74	5.12±2.61	5.24±2.78	5.18±2.70	*
	积极参与感	7.71±4.53	7.82±3.78	7.77±4.16	6.79±2.69	7.56±2.51	6.48±2.60	*
回测	精神振作感	7.22±2.81	7.46±2.98	7.34±2.90	5.31±2.36	5.06±2.43	5.19±2.40	*
	安静感	4.63±2.18	4.91±2.33	4.77±2.26	4.45±2.71	4.63±2.82	4.54±2.77	▲
	疲劳感	5.23±2.54	5.48±2.65	5.36±2.60	4.74±2.28	4.54±2.37	4.64±2.33	*
	积极参与感	7.31±3.85	7.68±3.94	7.50±3.90	5.17±3.14	5.02±2.48	5.10±2.81	*

(注：▲P＞0.05；* P＜0.05。)

多重比较的结果表明(表3-2-3-4)，实验组学生体育锻炼感觉的四个维度在不同时段出现不同的变化。其中精神振作感($P<0.05$)、疲劳感($P<0.05$)和积极参与感($P=0.01$)在干预教育后增长显著，且在回测时保持较好。而安静感3次测试之间的差异不显著。结合表3-2-3-1到表3-2-3-3可看出，干预教育对于调动实验组学生锻炼愉快感，激发学生参加体育活动的兴趣起到积极作用。

表3-2-3-4　实验组中学生体育锻炼感觉时间主效应的多重比较结果

因变量	前测与后测	后测与回测	前测与回测
	P值	P值	P值
精神振作感	0.02*	0.54▲	0.05*
安静感	0.43▲	0.86▲	0.49▲
疲劳感	0.05*	0.61▲	0.05*
积极参与感	0.01**	0.33▲	0.01**

(注：▲$P>0.05$；* $P<0.05$。)

(四)干预教育对中学生意志品质的影响

学生意志品质的培养是体育教育的重要任务，也是学生心理健康的重要组成部分。体育与健康教育是以身体练习为主要形式的教育活动。它强调知、情、意、行的统一，而意志品质的培养，与认识过程、情感体验、情绪调节等密切相关。所以体育与健康教育的实践性，保证了意志品质培养的有效性和全面性。《体育与健康课程标准》把体育与健康教育要培养学生“形成克服困难的坚强意志品质”作为“心理健康目标”四大目标之一。

由表3-2-4-1可见，干预教育后，实验组和对照组学生在意志品质的各个维度都有提高，其中实验组学生在自觉性、坚韧性和果断性三个维度上较对照组提高显著（P<0.05），同时自制性的分值也较对照组高，但组间差异不显著（P>0.05）。干预后实验组意志总分为 M±SD=82.52±9.14，对照组意志总分为 M±SD=73.85±9.85。回测时，学生意志品质总分仍呈上升趋势，且实验组与对照组比较时，在自觉性、坚韧性和果断性三个维度上仍具有显著差异（P<0.05）。此结果说明，干预教育的良好效果得以保持。

表 3-2-4-1 干预后、回测时中学生意志品质变化比较

时段	维度	实验组		对照组		合并计算		P
		初中	高中	初中	高中	实验组	对照组	
		M±SD	M±SD	M±SD	M±SD	M±SD	M±SD	
后测	自觉性	21.97±4.54	24.33±5.30	18.93±4.40	20.19±5.18	23.15±4.92	19.56±4.79	*
	坚韧性	18.94±3.72	19.71±4.06	17.31±3.83	18.69±4.13	19.32±3.89	18.00±3.98	*
	果断性	17.83±3.37	17.91±3.56	16.23±3.42	17.86±3.73	17.87±3.46	17.04±3.57	▲
	自制性	20.88±4.72	23.47±4.84	18.41±4.83	20.10±4.93	22.18±4.78	19.25±4.88	*
	意志总分	79.62±9.38	85.42±8.90	70.87±9.85	76.83±9.85	82.52±9.14	73.85±9.85	*

续表

时段	维度	实验组		对照组		合并计算		P
		初中	高中	初中	高中	实验组	对照组	
		M±SD	M±SD	M±SD	M±SD	M±SD	M±SD	
回测	自觉性	21.84±4.30	24.52±4.98	18.97±4.54	20.22±5.24	23.18±4.64	19.59±4.89	*
	坚韧性	18.91±3.75	19.78±3.94	17.32±3.42	18.74±4.12	19.34±3.85	18.03±3.77	*
	果断性	17.87±3.50	17.93±3.75	16.32±3.55	17.90±3.55	17.90±3.62	17.11±3.55	▲
	自制性	20.92±4.42	23.63±4.49	18.45±4.68	20.04±4.56	22.27±4.46	19.24±4.62	*
	意志总分	79.52±8.46	85.85±8.85	71.05±9.41	76.89±9.41	82.68±8.65	73.97±9.41	*

（注：▲P＞0.05；* P＜0.05。）

表 3-2-4-2 的数据表明，干预教育后，初中实验组学生在意志品质总分及其四个维度的比较中均较对照组有显著提高(P＜0.05)，按干预后均值从大到小排序为：自觉性(21.97±4.54)、自制性(18.94±3.72)、坚韧性(17.83±3.37)、果断性(20.88±4.72)。实验组意志品质总分均值较干预教育前高 8.39，较干预后对照组意志品质总分均值提高 9.32。

从表 3-2-4-3 可看到，干预后，初中实验组学生意志品质高者由干预前的 24.79％上升到 42.97％，而意志品质低者由干预前的 28.54％下降到 21.50％；回测时，实验组意志品质得分处于高等级的人数保持在 43.32％，而低等级的人数比对照组少 6.12％。

表 3-2-4-2　干预后、回测时初中学生意志品质变化比较

时段	维　度	实验班 男 M±SD	实验班 女 M±SD	合计 M±SD	对照班 男 M±SD	对照班 女 M±SD	合计 M±SD	P
后测	自觉性	21.59±4.58	22.35±4.49	21.97±4.54	18.46±4.29	19.40±4.51	18.93±4.40	*
	坚韧性	19.31±3.67	18.56±3.76	18.94±3.72	17.27±4.01	17.35±3.64	17.31±3.83	*
	果断性	17.25±3.46	18.41±3.28	17.83±3.37	16.16±3.52	16.29±3.31	16.23±3.42	*
	自制性	20.44±4.61	21.32±4.82	20.88±4.72	18.43±4.71	18.38±4.95	18.41±4.83	*
	意志总分	78.59±9.03	80.64±9.72	79.62±9.38	70.32±9.69	71.42±10.01	70.87±9.85	*
回测	自觉性	21.26±4.39	22.41±4.21	21.84±4.30	18.57±4.32	19.36±4.75	18.97±4.54	*
	坚韧性	19.45±3.88	18.36±3.62	18.91±3.75	17.36±3.68	17.28±3.16	17.32±3.42	*
	果断性	17.34±3.42	18.39±3.57	17.87±3.50	16.29±3.46	16.34±3.63	16.32±3.55	*
	自制性	20.16±4.53	21.67±4.31	20.92±4.42	18.47±4.83	18.42±4.53	18.45±4.68	*
	意志总分	78.21±8.37	80.83±8.54	79.52±8.46	70.69±9.33	71.40±9.48	71.05±9.41	*

（注：▲ P＞0.05；* P＜0.05。）

表 3-2-4-3　干预后及回测时初中学生意志品质分级比较

时段	等级	实验组				对照组				实验组合计		对照组合计		P
		男		女		男		女						
		人数	%	人数	%	人数	%	人数	%	人数	%	人数	%	
后测	高	74	42.26	73	43.72	34	23.14	39	27.15	147	42.97	73	25.06	*
	中	62	35.68	59	35.37	69	46.64	68	47.04	122	35.53	137	46.84	*
	低	39	22.06	35	20.91	45	30.22	37	25.81	74	21.50	82	28.05	*
回测	高	75	42.81	73	43.85	34	23.11	39	27.06	148	43.32	73	25.12	*
	中	60	34.16	60	35.63	70	47.06	68	46.98	119	34.88	137	47.02	*
	低	40	23.03	34	20.52	44	29.83	37	25.96	75	21.80	82	27.92	*

（注：▲P>0.05；* P<0.05。）

初中实验组不同性别学生前后两次测试结果比较组间差异不显著，但女生在自觉性、自制性上较男生得分高，而男生在坚韧性和果断性上较女生得分高，但组间差异不显著。回测数据表明，实验组学生的意志总分仍显著高于对照组学生（P<0.05），这说明干预教育的良好效应得以延续。

表 3-2-4-4 显示，干预教育后，高中实验组学生在意志品质总分及自觉性、坚韧性、自制性三个维度的比较中均较对照组有显著提高（P<0.05），而果断性上两组间差异不显著。按干预后均值从大到小排序为：自觉性（24.33±5.30）、自制性（23.47±4.84）、坚韧性（19.71±4.06）、果断性（17.91±3.56）。实验组意志品质总分均值较干预教育前提高 9.21，较干预后对照组意志品质总分均值高 8.59。

表 3-2-4-4 干预后、回测时高中学生意志品质变化比较

时段	维度	实验班 男 M±SD	实验班 女 M±SD	合计 M±SD	对照班 男 M±SD	对照班 女 M±SD	合计 M±SD	P
后测	自觉性	24.12±5.73	24.54±4.86	24.33±5.30	20.11±5.69	20.27±4.67	20.19±5.18	*
	坚韧性	19.63±4.36	19.79±3.76	19.71±4.06	18.43±4.41	18.94±3.85	18.69±4.13	*
	果断性	18.19±3.83	17.62±3.28	17.91±3.56	18.23±3.92	17.48±3.54	17.86±3.73	▲
	自制性	23.21±4.85	23.73±4.82	23.47±4.84	19.76±4.91	20.43±4.95	20.10±4.93	*
	意志总分	85.15±9.02	85.68±8.78	85.42±9.38	76.53±9.69	77.12±10.01	76.83±9.85	*
回测	自觉性	24.19±5.17	24.84±4.79	24.52±4.98	20.18±5.12	20.25±5.35	20.22±5.24	*
	坚韧性	19.73±4.26	19.82±3.62	19.78±3.94	18.46±4.68	19.01±3.56	18.74±4.12	*
	果断性	18.22±3.92	17.63±3.57	17.93±3.75	18.29±3.46	17.51±3.63	17.90±3.55	▲
	自制性	23.48±4.67	23.78±4.31	23.63±4.49	19.72±4.59	20.36±4.53	20.04±4.56	*
	意志总分	85.62±9.37	86.07±8.32	85.85±8.46	76.65±9.33	77.13±9.48	76.89±9.41	*

(注：▲ $P>0.05$；* $P<0.05$。)

从表 3-2-4-5 可看出，干预后实验组学生意志品质高者由干预前的 27.97％上升到 45.45％，而意志品质低者由干预前的 25.92％下降到 18.21％；回测时，意志品质高者的比例保持在 45.76％，而低等级的人数比对照组少 7.28％。

高中实验组中，不同性别学生前后两次测试结果比较组间差异不显著，表现为女生在自觉性、自制性上较男生得分高，而男生在坚韧性和果断性上较女生得分高，但组间差异不显著。回测数据表明，干预教育对实验组学生的良好效应得以延续。

表 3-2-4-5　干预后及回测时高中学生意志品质分级比较

时段	等级	实验组				对照组				实验组合计		对照组合计		P
		男		女		男		女						
		人数	%	人数	%	人数	%	人数	%	人数	%	人数	%	
后测	高	75	44.25	77	46.68	40	27.58	38	28.47	153	45.45	78	28.01	*
	中	63	36.94	59	35.72	67	46.11	63	46.91	122	36.34	130	46.49	*
	低	32	18.81	29	17.60	38	26.31	33	24.62	61	18.21	71	25.50	*
回测	高	76	44.79	78	46.75	41	27.92	39	28.83	154	45.76	79	28.36	*
	中	62	36.52	59	35.81	67	45.86	63	46.79	122	36.17	130	46.31	*
	低	32	18.69	29	17.44	38	26.22	33	24.38	61	18.07	71	25.34	*

（注：▲P＞0.05；* P＜0.05。）

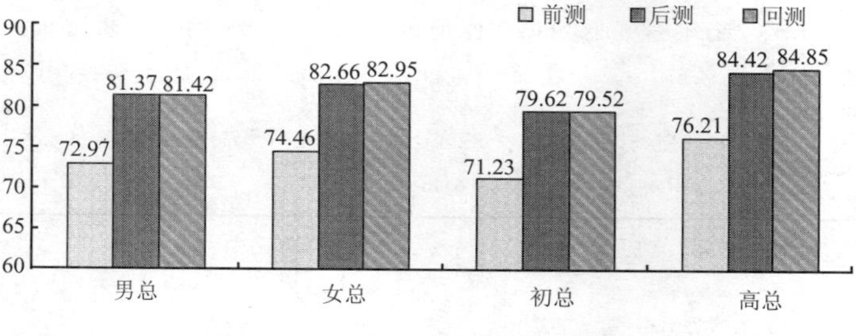

图 3-2-4-1　不同性别、年龄中学生意志品质比较

就意志品质总分而言，表现为高中大于初中，女生大于男生的现象，且组间具有显著差异（P<0.05）。说明意志品质具有年级和性别主效应，随年级的增高学生意志品质有逐步提高的趋势。

（五）干预教育对中学生自尊的影响

自尊作为自我体系的核心成分之一，其发展状况不仅与学生的心理健康直接相联系，而且也是学生健康人格发展的要素之一。它对学生的认知、动机、情感及社会行为均有重要影响。①

著名教育家苏霍姆林斯基曾指出，人类有许多高尚的品格，但有一种高尚的品格是人性的顶峰，这就是个人的自尊心。当前，我国的学校教育正处于从“应试教育”向“素质教育”转轨的过程中，激发儿童的自尊、自爱、自强等心理品质是教育教学工作的重要内容。《体育与健康课程标准》指出，要使学生通过学习体育知识、参与体育活动，提高学生的自尊心和自信心，并能正确理解体育活动与自尊、自信的关系。

从表3-2-5-1可见，干预后实验组和对照组学生的整体自尊都有不同程度的提高，其中实验组学生的自尊水平无论是与对照组比较，还是与实验前自身比较均呈显著提高（P<0.05）。回测时，学生整体的自尊水平仍然呈上升趋势。以上结果说明，干预教育有助于学生认识到自己的价值和优点，增强学生的自尊心。从下表还可看出，学生的自尊水平存在显著的年级主效应，高中学生的自尊水平明显高于初中学生。进一步对学生的自尊水平通过性别（2）×年级（2）的方差分析表明，

---

① Karen Katafiasz，R. W. Alley. *Self-esteem Therapy*. 1995(5)：2-20.

性别与年级对自尊具交互效应(P<0.01)。

表 3-2-5-1　干预后、回测时中学生整体自尊变化比较

时段	实验班 初中 M±SD	实验班 高中 M±SD	合计 M±SD	对照班 初中 M±SD	对照班 高中 M±SD	合计 M±SD	P
后测	21.63±4.80	24.65±4.68	23.14±4.74	16.42±4.57	17.87±4.52	17.15±4.55	*
回测	21.68±4.69	24.78±4.58	23.23±4.64	16.48±4.62	17.85±4.40	17.17±4.51	*

(注:▲P>0.05;* P<0.05。)

表 3-2-5-2 至表 3-2-5-3 的数据表明,干预后,初高中实验组学生的自尊水平与对照组相比,均有显著上升(P<0.05)。其中,初中实验组女生自尊水平上升尤其显著,与同组男生相比,具有显著性差异(P<0.05);高中实验组女生的自尊也较同组男生高,但组间差异不显著。分析认为,在干预过程中,对实验组女生采用每周 1 到 2 次的形体训练+健美操运动的青少年体育俱乐部的干预教育方式,并通过俱乐部汇演等活动,提供给女生展示自我的机会,使她们对自己的身体魅力更为认可,很好地激发了女生对自己形态和身心的信心,也说明形体训练和健美操运动是非常适合女生参加的健身项目。

表 3-2-5-2　干预后、回测时初中学生整体自尊变化比较

时段	实验班 男 M±SD	实验班 女 M±SD	合计 M±SD	对照班 男 M±SD	对照班 女 M±SD	合计 M±SD	P
后测	20.89±4.73	22.36±4.86	21.63±4.80	16.05±4.51	16.79±4.63	16.42±4.57	*
回测	20.93±4.65	22.42±4.72	21.68±4.69	16.11±4.62	16.84±4.62	16.48±4.62	*

表 3-2-5-3　干预后、回测时高中学生整体自尊变化比较

时段	实验班 男 M±SD	实验班 女 M±SD	合计 M±SD	对照班 男 M±SD	对照班 女 M±SD	合计 M±SD	P
后测	24.37±4.57	24.93±4.79	24.65±4.68	17.78±4.67	17.96±4.36	17.87±4.52	*
回测	24.51±4.33	25.04±4.82	24.78±4.58	17.66±4.17	18.03±4.63	17.85±4.40	*

（注：▲P＞0.05；* P＜0.05。）

表 3-2-5-4　实验组中学生整体自尊水平的时间主效应多重比较结果

因变量	前测与后测 P值	后测与回测 P值	前测与回测 P值
自尊总分	0.05*	0.32▲	0.02*

（注：▲P＞0.05；* P＜0.05。）

实验组学生自尊水平的时间主效应多重比较(表 3-2-5-4)更为清楚地看到实验组学生在不同时段上自尊的差异。实验组学生的整体自尊在前测、后测至回测的不同时段呈现出逐步上升的趋势，这说明学生的自我认可程度在干预教育后逐步提高。

(六)干预教育对中学生情绪状况的影响

情绪是指具有感染力的微弱而持久的心理状态。保持良好的主导情绪是心理健康的重要标志之一①。体育运动是“流畅体验”的主要来源，它能够对人的心境产生积极影响。

由表 3-2-6-1 分析表明，干预后，实验组学生慌乱、压抑、紧张、疲劳、愤怒五个维度的均分与自身前测结果相比均呈下

① 张力为、任未多：《体育运动心理学研究进展》，545 页，北京，高等教育出版社，2000。

降趋势，但与同时段对照组学生相比，组间差异不显著。而自尊和精力两个积极情绪维度的均值都出现上升，且与同时段对照组学生相比，组间差异显著(P＜0.05)。从各综合得分均值来看，积极情绪增加、消极情绪下降、TMD值降低，且与同时段对照组学生相比，组间差异显著(P＜0.05)。以上结果说明，干预教育使实验组学生的总体情绪状态得到改善。

表 3-2-6-1　干预后及回测时中学生情绪变化比较

时段	维度	实验班 初中 M±SD	实验班 高中 M±SD	合计 M±SD	对照班 初中 M±SD	对照班 高中 M±SD	合计 M±SD	P
后测	慌乱 CB	4.21±3.49	4.18±3.30	4.20±3.40	5.94±4.31	4.53±3.81	5.24±4.06	*
	压抑 DD	3.75±4.23	3.48±4.67	3.62±4.45	4.21±3.16	3.94±4.18	4.08±3.67	▲
	紧张 TA	4.58±3.90	3.65±4.24	4.12±4.07	5.18±2.82	4.44±3.55	4.81±3.19	▲
	疲劳 FI	4.12±3.64	4.58±3.79	4.35±3.72	4.17±3.81	4.26±3.54	4.22±3.68	▲
	愤怒 AH	3.23±4.68	3.11±3.52	3.17±4.10	3.48±3.39	3.01±3.88	3.25±3.64	▲
	自尊 SS	14.42±3.40	14.61±3.07	14.52±3.24	13.08±3.77	14.20±2.86	13.64±3.32	*
	精力 VA	16.24±5.99	12.87±5.43	14.56±5.71	13.14±4.67	10.74±6.10	11.94±5.39	*
	积极情绪	30.66±9.39	27.48±8.50	29.07±8.95	26.22±8.44	24.93±8.96	25.58±8.70	*
	消极情绪	20.88±19.93	18.99±19.52	19.94±19.73	22.97±17.47	21.61±18.95	22.29±18.21	*
	TMD 值	90.22±21.28	91.51±21.73	90.87±21.51	96.76±26.96	95.23±19.54	96.00±23.25	*

续表

时段	维　度	实验班		合计	对照班		合计	P
		初中	高中		初中	高中		
		M±SD	M±SD	M±SD	M±SD	M±SD	M±SD	
回测	慌乱 CB	5.29±3.49	4.49±3.79	4.89±3.64	6.09±4.30	4.76±3.81	5.43±4.06	▲
	压抑 DD	4.12±4.23	3.80±3.39	3.96±3.81	4.25±3.15	4.31±4.18	4.28±3.67	▲
	紧张 TA	4.69±3.90	4.35±4.38	4.52±4.14	5.21±3.63	4.90±3.92	5.06±3.78	▲
	疲劳 FI	4.02±3.64	4.84±4.37	4.43±4.01	4.25±3.23	4.52±4.04	4.39±3.64	▲
	愤怒 AH	3.30±4.68	3.09±2.61	3.20±3.65	3.51±2.14	3.12±2.38	3.32±2.26	▲
	自尊 SS	14.47±3.40	14.64±4.01	14.56±3.71	13.17±3.51	14.28±4.00	13.73±3.76	▲
	精力 VA	15.71±5.99	13.00±5.05	14.36±5.52	13.14±4.77	10.85±4.78	12.00±4.78	*
	积极情绪	30.18±9.39	27.64±9.06	28.91±9.23	26.31±8.27	25.13±8.77	25.72±8.52	*
	消极情绪	21.41±19.93	20.57±18.54	20.99±19.24	23.30±16.44	21.60±18.32	22.45±17.38	*
	TMD 值	91.24±21.34	92.93±21.73	92.09±21.54	96.99±23.93	96.47±19.54	96.73±21.74	*

（注：▲ $P>0.05$；* $P<0.05$。）

与实验组相比，对照组学生在慌乱、紧张、自尊三个维度较前测结果上升，而其他四个维度较前测结果下降。综合来看，积极情绪、消极情绪均有小幅度上升。但与后测结果相比，无显著性差异（$P>0.05$）。回测时，学生总体的情绪状况均有所反复，但实验组学生的积极情绪得分仍优于对照组。

表 3-2-6-2 的数据表明，干预后，初中实验组学生除慌乱均值

有所上升外，其他消极情绪各维度都有所下降，但与同时段对照组学生相比，组间差异不显著(P>0.05)。积极情绪显著上升，消极情绪及 TMD 值下降，与自身前测结果相比情绪明显改善，且与同时段对照组学生相比组间差异显著(P<0.05)，而后测时，对照组学生除疲劳和愤怒外，其他各项均有增长。说明排除其他因素，干预教育对改善学生的情绪起到积极作用。

表 3-2-6-2　干预后及回测时初中学生情绪变化比较

时段	维度	实验班 男 M±SD	实验班 女 M±SD	合计 M±SD	对照班 男 M±SD	对照班 女 M±SD	合计 M±SD	P
后测	慌乱 CB	4.96±3.26	5.45±3.71	5.21±3.49	5.56±4.01	6.31±4.6	5.94±4.31	▲
	压抑 DD	3.42±4.03	4.08±4.42	3.75±4.23	4.17±3.06	4.25±3.25	4.21±3.16	▲
	紧张 TA	4.48±3.66	4.67±4.13	4.58±3.90	4.96±3.27	5.39±2.36	5.18±2.82	▲
	疲劳 FI	3.92±3.7	4.31±3.58	4.12±3.64	4.06±3.65	4.28±3.97	4.17±3.81	▲
	愤怒 AH	3.32±4.58	3.14±4.78	3.23±4.68	3.71±3.29	3.25±3.48	3.48±3.39	▲
	自尊 SS	14.21±3.27	14.63±3.53	14.42±3.40	12.83±3.64	13.33±3.9	13.08±3.77	▲
	精力 VA	16.68±6.02	15.79±5.95	16.24±5.99	13.11±4.61	13.16±4.72	13.14±4.67	*
	积极情绪	30.89±9.29	30.42±9.48	30.66±9.39	25.94±8.25	26.49±8.62	26.22±8.44	*
	消极情绪	20.1±19.23	21.65±20.62	20.88±19.93	22.46±17.28	23.48±17.66	22.97±17.47	*
	TMD 值	89.21±19.54	91.23±23.02	90.22±21.28	96.52±30.12	96.99±23.79	96.76±26.96	*

续表

时段	维度	实验班 男 M±SD	实验班 女 M±SD	合计 M±SD	对照班 男 M±SD	对照班 女 M±SD	合计 M±SD	P
回测	慌乱 CB	5.12±3.26	5.45±3.71	5.29±3.49	5.68±4.26	6.49±4.34	6.09±4.30	▲
	压抑 DD	4.08±4.03	4.16±4.42	4.12±4.23	4.23±3.13	4.26±3.17	4.25±3.15	▲
	紧张 TA	4.52±3.66	4.86±4.13	4.69±3.90	4.99±3.64	5.43±3.61	5.21±3.63	▲
	疲劳 FI	3.92±3.7	4.12±3.58	4.02±3.64	4.17±3.19	4.32±3.27	4.25±3.23	▲
	愤怒 AH	3.47±4.58	3.12±4.78	3.30±4.68	3.74±2.03	3.28±2.24	3.51±2.14	▲
	自尊 SS	14.26±3.27	14.67±3.53	14.47±3.40	12.96±3.52	13.37±3.49	13.17±3.51	▲
	精力 VA	16.04±6.02	15.38±5.95	15.71±5.99	13.15±4.72	13.13±4.81	13.14±4.77	*
	积极情绪	30.3±9.29	30.05±9.48	30.18±9.39	26.11±8.24	26.5±8.3	26.31±8.27	*
	消极情绪	21.11±19.23	21.71±20.62	21.41±19.93	22.81±16.25	23.78±16.63	23.30±16.44	*
	TMD值	90.81±19.62	91.66±23.06	91.24±21.34	96.7±24.05	97.28±23.81	96.99±23.93	*

（注：▲P＞0.05；* P＜0.05。）

从表3-2-6-3的数据可看出，干预教育后，高中实验组学生的情绪状态也有一定改善。与同时段对照组学生相比，精力、积极情绪显著增加（P＜0.05）而TMD值下降，而后测时对照组学生的情绪状况变化不显著。

回测时，高中实验组情绪反弹较大，消极情绪各维度中除“愤怒”均值稍有下降外，慌乱、压抑、紧张、疲劳均有所上升，消极情绪总均分与后测时自身结果相比增长显著（P＜0.05）。与对照组学生相比，积极情绪仍好于对照组（P＜0.05），但消极情绪两组差异不显著。总体而言，实验组学生的情绪状况好于对照组学生。但是回测数据反映出学生在进入高三后不良心境状态较为普遍，干预教育对高中学生的延续性不佳，也反映了心境变化的复杂性和可变性。

表 3-2-6-3　干预后及回测时高中学生情绪变化比较

时段	维度	实验班 男 M±SD	实验班 女 M±SD	合计 M±SD	对照班 男 M±SD	对照班 女 M±SD	合计 M±SD	P
后测	慌乱 CB	4.11±3.31	4.24±3.29	4.18±3.30	4.64±4.01	4.41±3.6	4.53±3.81	▲
	压抑 DD	3.68±4.64	3.28±4.70	3.48±4.67	4.11±3.82	3.76±4.53	3.94±4.18	▲
	紧张 TA	3.85±4.13	3.44±4.35	3.65±4.24	4.25±3.50	4.63±3.59	4.44±3.55	▲
	疲劳 FI	4.83±3.87	4.33±3.70	4.58±3.79	4.04±3.22	4.47±3.86	4.26±3.54	▲
	愤怒 AH	3.03±3.08	3.19±3.96	3.11±3.52	3.32±4.75	3.22±3.01	3.01±3.88	▲
	自尊 SS	14.42±3.20	14.8±2.94	14.61±3.07	14.05±3.00	14.34±2.71	14.20±2.86	▲
	精力 VA	12.81±5.21	12.93±5.64	12.87±5.43	10.49±6.33	10.98±5.87	10.74±6.10	*
	积极情绪	27.23±8.41	27.73±8.58	27.48±8.50	24.54±9.33	25.32±8.58	24.93±8.96	*
	消极情绪	19.5±19.03	18.48±20.00	18.99±19.52	20.36±19.30	19.96±18.59	21.61±18.95	*
	TMD 值	92.27±21.88	90.75±21.58	91.51±21.73	95.82±20.27	94.64±18.8	95.23±19.54	*

续表

时段	维　度	实验班 男 M±SD	实验班 女 M±SD	合计 M±SD	对照班 男 M±SD	对照班 女 M±SD	合计 M±SD	P
回测	慌乱 CB	4.39±3.31	4.58±4.27	4.49±3.79	4.69±4.01	4.82±3.6	4.76±3.81	▲
	压抑 DD	3.84±3.24	3.76±3.54	3.80±3.39	4.39±3.82	4.23±4.53	4.31±4.18	▲
	紧张 TA	4.23±4.82	4.47±3.94	4.35±4.38	4.86±4.25	4.93±3.59	4.90±3.92	▲
	疲劳 FI	4.85±4.37	4.83±4.36	4.84±4.37	4.57±4.22	4.47±3.86	4.52±4.04	▲
	愤怒 AH	3.12±2.77	3.06±2.45	3.09±2.61	3.41±2.75	2.82±2.01	3.12±2.38	▲
	自尊 SS	14.45±4.16	14.83±3.86	14.64±4.01	14.17±4.26	14.39±3.73	14.28±4.00	▲
	精力 VA	12.94±4.37	13.06±5.73	13.00±5.05	10.63±4.61	11.06±4.94	10.85±4.78	*
	积极情绪	27.39±8.53	27.89±9.59	27.64±9.06	24.8±8.87	25.45±8.67	25.13±8.77	*
	消极情绪	20.43±18.51	20.7±18.56	20.57±18.54	21.92±19.05	21.27±17.59	21.60±18.32	▲
	TMD 值	93.04±21.88	92.81±21.58	92.93±21.73	97.12±20.27	95.82±18.8	96.47±19.54	*

（注：▲P＞0.05；* P＜0.05。）

不同性别学生的比较中，男生和女生的情绪变化差异不显著，但与男生相比，女生较容易接受干预而优化情绪，同时也更易于受到外在压力的影响而使心境状态不良，这一点在高中女生的测试中表现最为显著。干预后，高中女生消极情绪较干预前明显改善（P＜0.05），同时，积极情绪也较干预前有显著提高（P＜0.05），其 TMD 值的降低幅度较同年级男生高

4.08%，说明干预教育对其心境的改善具有良好的作用。但回测时高中女生的消极情绪较后测结果明显上升(P＜0.05)。这一结果，在回访时也有所体现。多数受访的高三女生都表示学习紧张，心理压力大。由此可见，高三学生的学习焦虑和升学压力加大，特别是女生的心理负担较重，心境状态不佳。

表 3-2-6-4　实验组中学生情绪变化的时间主效应多重比较结果

因变量	前测与后测	后测与回测	前测与回测
	P值	P值	P值
慌乱 CB	0.28	1.47	0.24
压抑 DD	0.37	0.46	1.37
紧张 TA	0.72	1.23	0.56
疲劳 FI	0.43	0.94	0.43
愤怒 AH	0.66	0.97	0.39
自尊 SS	0.05*	0.67	0.05*
精力 VA	0.02*	0.45	0.02*
积极情绪	0.03*	0.72	0.05*
消极情绪	0.36	0.59	0.22
TMD值	0.02*	0.31	0.02*

(注:▲P＞0.05;* P＜0.05。)

多重比较的结果表明，实验组学生情绪状态在不同时段出现不同的变化。其中自尊、精力、积极情绪和TMD值在前后两次测试中差异显著(P＜0.05)，且在回测时使上述状态得以持续(P＜0.05)。消极情绪的五个维度：慌乱、压抑、紧张、疲劳和愤怒在干预教育后都有所下降，但与前测相比，组间差异不显著。结合表3-2-6-1到表3-2-6-3可看出，实验组学生总体的情绪状态在干预教育后发生良好的变化。

(七)干预教育对中学生自信状况的影响

自信对人类知、情、意、行诸方面都有一定弥漫性影响，作为稳定的人格特质，自信还深刻影响着心理健康及健全人格的形成与发展①。

表 3-2-7-1 表明，干预后，实验组学生在 PEI 各维度与自身前测结果相比均有增加，其中体育运动、外表、友情、社会交互、当众讲话、影响自信的心境六个方面有显著增长(P＜0.05)，PEI 总分由 111.35±14.17 增加到 125.95±16.94。与同时段对照组学生相比，除学业自信和社会交互外，其他维度组间差异显著(P＜0.05)。以上结果说明，干预教育后，实验组学生的总体自信水平有所提高。而后测时，对照组学生除在体育运动和影响自信的心境两方面较前测结果上升(P＞0.05)外，其他五个维度均较干预前下降，但组间差异不显著。

回测时，从总体情况来看，学生自信水平均有降低，但实验组降幅没有对照组大，回测与后测结果相比无显著性差异(P＞0.05)。说明学生面临毕业升学，外界干扰因素增加，心理波动较大，维护学生的心理健康要持之以恒。

表 3-2-7-1　干预后及回测时中学生自信状况变化比较

时段	维度	实验班		合计	对照班		合计	P
		初中	高中		初中	高中		
		M±SD	M±SD	M±SD	M±SD	M±SD	M±SD	
后测	学业自信	17.62±2.75	16.99±2.44	17.30±2.59	16.30±2.56	16.70±2.36	16.50±2.46	▲

① 车丽萍：《国外关于自信的研究综述》，载《心理科学进展》，2002(2)。

续表

时段	维度	实验班 初中 M±SD	实验班 高中 M±SD	合计 M±SD	对照班 初中 M±SD	对照班 高中 M±SD	合计 M±SD	P
后测	体育运动	17.44±3.56*	16.69±3.38*	17.06±3.47*	13.67±2.87	12.02±2.88	12.85±2.88	*
	外表	16.96±3.07*	16.56±2.83	16.76±2.95*	15.22±3.35	15.55±2.78	15.38±3.07	*
	友情	15.62±1.98	14.59±3.08	15.10±2.53*	14.82±2.11	12.62±3.04	13.72±2.58	*
	社会交互	18.61±3.36*	18.63±3.10*	18.62±3.23*	17.43±3.60	17.29±3.14	17.36±3.37	▲
	当众讲话	20.43±3.48*	19.99±3.71*	20.21±3.59*	16.91±3.66	17.40±2.98	17.15±3.32	*
	影响自信的心境	21.05±3.69*	20.74±2.84*	20.89±3.26*	18.39±3.70	18.35±2.99	18.37±3.35	*
	PEI 总分	127.71±17.29*	124.18±16.58*	125.95±16.94*	112.72±17.55	109.92±15.27	111.32±16.41	*
回测	学业自信	17.47±2.89	16.75±2.61	17.11±2.75	17.09±2.44	15.50±2.38	16.29±2.41	▲
	体育运动	17.79±3.63	16.62±3.08	17.20±3.35	13.75±3.13	11.97±3.14	12.86±3.13	*
	外表	16.87±2.77	16.51±3.05	16.69±2.91	15.10±3.29	15.53±3.33	15.32±3.31	*
	友情	15.78±2.30	14.35±2.71	15.07±2.51	14.81±2.56	12.54±2.55	13.67±2.55	*
	社会交互	17.57±3.38	18.18±3.39	17.87±3.39	16.65±3.60	16.80±3.66	16.72±3.63	▲
	当众讲话	20.50±3.72	19.56±3.57	20.03±3.65	16.88±3.90	17.39±3.77	17.13±3.83	*
	影响自信的心境	18.76±3.51	18.38±3.17	18.57±3.34	18.35±3.50	17.83±3.49	18.09±3.50	*
	PEI 总分	124.73±16.86	120.33±16.58	122.53±16.72	112.61±17.12	107.55±16.33	110.08±16.73	*

(注：▲P＞0.05；* P＜0.05。)

表 3-2-7-2 的数据表明，干预后，初中实验组学生除友情外，其他各维度都较前测有明显上升(P<0.05)；与同时段对照组学生相比，除友情、社会交互外，其他五个维度组间差异显著(P<0.05)。对照组学生在后测时，体育运动、社会交互也略有上升，但差异不显著。

表 3-2-7-2　干预后及回测时初中学生自信状况变化比较

时段	维　度	实验班		合计	对照班		合计	P
		男	女		男	女		
		M±SD	M±SD	M±SD	M±SD	M±SD	M±SD	
后测	学业自信	17.79±2.93	17.45±2.57*	17.62±2.75	16.86±2.47	15.73±2.64	16.30±2.56	*
	体育运动	17.93±3.45*	16.94±3.66*	17.44±3.56*	14.16±2.96	13.18±2.78	13.67±2.87	*
	外表	16.71±3.33*	17.21±2.8*	16.96±3.07*	15.58±3.5	14.85±3.2	15.22±3.35	*
	友情	15.46±2.02	15.77±1.93	15.62±1.98	14.76±2.07	14.88±2.15	14.82±2.11	▲
	社会交互	18.85±3.3*	18.36±3.41*	18.61±3.36*	17.42±3.54	17.43±3.65	17.43±3.60	▲
	当众讲话	20.12±3.43*	20.73±3.53*	20.43±3.48*	16.52±3.72	17.29±3.6	16.91±3.66	*
	影响自信的心境	21.17±3.53*	20.92±3.84*	21.05±3.69*	18.14±4.05	17.87±3.35	18.01±3.70	*
	PEI 总分	128.03±17.86*	127.38±16.72*	127.71±17.29*	112.91±18.1	112.53±17	112.72±17.55	*

续表

时段	维度	实验班		合计	对照班		合计	P
		男	女		男	女		
		M±SD	M±SD	M±SD	M±SD	M±SD	M±SD	
回测	学业自信	17.58±2.84	17.36±2.94	17.47±2.89	16.65±2.35	17.52±2.52	17.09±2.44	▲
	体育运动	18.31±3.57	17.26±3.68	17.79±3.63	14.28±3.44	13.22±2.81	13.75±3.13	*
	外表	16.42±2.89	17.32±2.65	16.87±2.77	15.49±3.21	14.71±3.36	15.10±3.29	*
	友情	15.93±2.23	15.63±2.37	15.78±2.30	14.79±2.57	14.82±2.54	14.81±2.56	▲
	社会交互	17.65±3.42	17.48±3.34	17.57±3.38	16.83±3.54	16.46±3.65	16.65±3.60	▲
	当众讲话	20.21±3.61	20.79±3.83	20.50±3.72	16.45±3.94	17.31±3.85	16.88±3.90	*
	影响自信的心境	19.12±3.37	18.39±3.64	18.76±3.51	17.92±3.51	17.63±3.49	17.78±3.50	▲
	PEI 总分	125.22±16.93	124.23±16.79	124.73±16.86	112.96±17.02	112.26±17.22	112.61±17.12	*

（注：▲P>0.05；* P<0.05。）

回测时，实验组学生除体育运动和当众讲话两个维度外，其他各维度均出现回落现象。与对照组相比，在体育运动、外表、当众讲话三个方面，组间差异显著(P<0.05)。对照组学生在体育运动方面稍有上升，但 PEI 总分降低，说明实验组的总体自信水平仍然较对照组好(P<0.05)。

由表3-2-7-3可见，干预后高中实验组学生PEI各维度均有上升，其中体育运动、友情、当众讲话、影响自信的心境四个方面与对照组学生相比，组间差异显著(P>0.05)。而后测时对照组学生除体育运动方面略有上升外，其他各维度均呈下降趋势，但与其前测结果相比，组间差异不显著。回测时，高中学生PEI的各维度全面下降。但实验组学生在体育运动、友情、当众讲话方面仍优于对照组(P>0.05)。

表3-2-7-3 干预后及回测时高中学生自信状况变化比较

时段	维度	实验班		合计	对照班		合计	P
		男	女		男	女		
		M±SD	M±SD	M±SD	M±SD	M±SD	M±SD	
后测	学业自信	17.16±2.74	16.81±2.13	16.99±2.44	16.97±2.39	16.43±2.32	16.70±2.36	▲
	体育运动	16.93±3.43*	16.45±3.33*	16.69±3.38*	12.75±3.17	11.29±2.59	12.02±2.88	*
	外表	15.76±3.19	17.36±2.46*	16.56±2.83	15.81±2.39	15.28±3.17	15.55±2.78	▲
	友情	14.67±3.26*	14.51±2.89*	14.59±3.08*	12.71±3.21	12.52±2.87	12.62±3.04	*
	社会交互	18.69±2.88	18.57±3.32	18.63±3.10	17.33±2.64	17.24±3.64	17.29±3.14	▲
	当众讲话	19.84±3.45*	20.14±3.96*	19.99±3.71*	17.24±2.77	17.56±3.18	17.40±2.98	*
	影响自信的心境	20.96±3.13	20.51±2.55	20.74±2.84*	18.37±2.59	18.33±3.39	18.35±2.99	*
	PEI总分	124.01±16.79*	124.35±16.37*	124.18±16.58*	111.18±15.16	108.65±15.37	109.92±15.27	*

续表

时段	维度	实验班		合计	对照班		合计	P
		男	女		男	女		
		M±SD	M±SD	M±SD	M±SD	M±SD	M±SD	
回测	学业自信	16.93±2.65	16.56±2.57	16.75±2.61	15.62±2.32	15.37±2.43	15.50±2.38	▲
	体育运动	16.87±3.31	16.36±2.84	16.62±3.08	12.73±3.51	11.21±2.76	11.97±3.14	*
	外表	15.68±2.97	17.34±3.12	16.51±3.05	15.72±3.26	15.34±3.39	15.53±3.33	▲
	友情	14.44±2.63	14.26±2.79	14.35±2.71	12.63±2.48	12.44±2.61	12.54±2.55	*
	社会交互	17.94±3.56	17.68±3.22	17.81±3.39	16.84±3.53	16.76±3.79	16.80±3.66	▲
	当众讲话	18.88±3.18	19.23±3.96	19.06±3.57	17.29±3.87	17.48±3.67	17.39±3.77	*
	影响自信的心境	18.44±3.06	18.31±3.27	18.38±3.17	18.02±3.61	17.64±3.37	17.83±3.49	▲
	PEI总分	119.49±16.36	121.17±16.79	120.33±16.58	108.85±16.38	106.24±16.27	107.55±16.33	*

（注：▲P>0.05；* P<0.05。）

中学生的自信水平受多种因素的影响，不同的情境和文化氛围对自信有不同影响。由于受测学生处于毕业前的高竞争、高压力的学习和人际氛围，必然会随年级升高和考试时间的迫近而影响学生的心理健康状态，自然也影响学生自信的状态和水平。

总体而言，男生和女生的自信状况差异不显著。干预后，男、女生与自身前测结果比较，产生显著变化的维度分别是：

体育运动、友情、社会交互、当众讲话和与自信有关的心境。无论初中还是高中，三次测试的 PEI 总分都表现为男生自信总分高于同年级女生的状况，但是组间差异不显著（P＞0.05）。结合干预过程中学生参与运动的项目差异可发现，男生喜欢参加群体对抗性或协作性体育项目，如足球、篮球等，在长期结伴运动的过程中使同伴友谊关系得到发展，而女生则更喜欢参加操化练习或以两三人为伴的协作练习，如形体、健美操或羽毛球、乒乓球等体育项目，所以对自身形象和外表的变化较为关注，这也是影响不同性别学生自信产生差异的重要因素之一。

表 3-2-7-4　实验组中学生自信各维度变化的时间主效应多重比较结果

因变量	前测与后测 P 值	后测与回测 P 值	前测与回测 P 值
学业自信	0.38	1.22	0.32
体育运动	0.01**	0.76	0.01**
外表	0.05*	0.83	0.24
友情	0.05*	0.88	0.05*
社会交互	0.05*	0.49	0.43
当众讲话	0.02*	0.57	0.02*
影响自信的心境	0.02*	0.37	0.57*
PEI 总分	0.03*	0.28	0.05*

（注：* P＜0.05；** P＜0.01。）

实验组学生自信水平在不同时段变化的多重比较表明，除学业自信外，实验组学生在自信和其他各维度及 PEI 总分在前后两次测试中差异显著（P＜0.05），在回测时除学业自信和社会交互外，其他五个维度及PEI总分与前测结果相比组间差异亦显著（P＜0.05）。结合表3-2-7-1到表3-2-7-3可看出，总体而言，实验组学生的自信水平在干预后发生良好的变化，且在回测时保持较好。

（八）干预教育对中学生社会适应能力的影响

新颁布的中小学《体育与健康课程标准》明确指出："学生通过该课程的学习，将获得体育与健康的知识和技能，提高身体健康、心理健康和社会适应能力等方面的水平。"新课程标准中首次提出了"提高学生社会适应能力"的教学任务为学校体育工作者提出了新的研究课题。

社会适应能力，又称社会健康，指个体与他人及社会相互作用、具有良好的人际关系和实现社会角色的能力。① 提高学生的社会适应能力是把"自然人"塑造成一个合格的社会成员的过程。

表3-2-8-1显示，干预后，实验组学生社会适应能力无论与自身前测结果相比还是与同时段对照组学生相比都有显著增长（P＜0.05），处于"较好"等级学生的比例由干预前的37.8%上升到73.59%；"较差"等级学生的比例也下降了8.06%。

回测时，实验组学生社会适应能力处于"较好"等级学生的比例保持在72.53%；"较差"等级学生的比例保持在7.87%，且实验组学生社会适应能力的测试结果与自身后测结果相比无显著性差异（P＞0.05），与对照组学生相比优势仍然明显（P＜0.05）。

---

① 季浏：《体育与健康》，165页，上海，华东师范大学出版社，2001。

表 3-2-8-1　干预后及回测时中学生社会适应能力分级比较

时段	等级	实验组				对照组				实验组合计		对照组合计		P
		初中		高中		初中		高中						
		人数	%	人数	%	人数	%	人数	%	人数	%	人数	%	
后测	较好	248	72.48	251	74.70	108	37.01	108	38.57	499	73.59	216	37.79	*
	中等	68	20.00	60	17.97	134	45.89	132	47.28	128	18.99	266	46.59	*
	较差	26	7.52	25	7.33	50	17.10	40	14.16	51	7.43	90	15.63	*
回测	较好	245	71.63	247	73.43	104	35.66	106	37.77	492	72.53	210	36.72	*
	中等	69	20.22	64	18.99	135	46.21	134	47.69	133	19.61	269	46.95	*
	较差	28	8.15	25	7.58	53	18.13	41	14.54	53	7.87	94	16.34	*

（注：* P＜0.05。）

从表 3-2-8-2 可看出，中学生的社会适应能力具有一定的年级主效应，高中学生的社会适应能力较初中学生高（P＜0.05）。这表明，随着学生年级的增长和阅历的增加，社会适应能力也会相应的增长。

表 3-2-8-2　干预后、回测时中学生社会适应能力变化比较

时段	实验班		合计	对照班		合计	P
	初中	高中		初中	高中		
	M±SD	M±SD	M±SD	M±SD	M±SD	M±SD	
后测	85.67±10.93*	86.99±11.32*	86.36±11.12*	77.43±11.78	78.92±11.62	78.18±11.70	*
回测	84.82±11.44	86.64±11.96	85.73±11.70	75.16±11.98	77.75±12.12	76.45±12.05	*

（注：* P＜0.05。）

体育教育活动是通过师生之间、学生之间的教、学、练的

交互行为来完成教学任务的群体活动。几乎所有的练习过程都是师生、学生之间相互交往的过程。交往中，师生、学生之间身心的接触频繁发生，有利于学生社会适应能力的培养。学生社会适应能力增强，有利于塑造健全人格，提高学习效率，也为学生健康心理的形成奠定基础。

表 3-2-8-3　干预后、回测时初中学生社会适应能力变化比较

时段	实验班		合计	对照班		合计	P
	男	女		男	女		
	M±SD	M±SD	M±SD	M±SD	M±SD	M±SD	
后测	85.67±10.93*	86.99±11.32*	86.36±11.12*	77.43±11.78	78.92±11.62	78.18±11.70	*
回测	84.82±11.44	86.64±11.96	85.73±11.70	75.16±11.98	77.75±12.12	76.45±12.05	*

（注：* P＜0.05。）

表 3-2-8-3 的数据表明，干预后，初中实验组学生社会适应能力与对照组学生相比，组间差异显著（P＜0.05）；回测数据显示，实验组学生的社会适应能力得分仍显著高于后者（P＜0.05），实验的良好效应得以延续。同时，三次测试还发现，不同性别学生在社会适应能力的比较中差异不显著（P＞0.05），但女生略好于男生。

表 3-2-8-4 显示，干预教育后，高中实验组学生的社会适应能力较对照组学生有显著提高（P＜0.05）。实验组社会适应能力"较好"等级的学生由干预前的 38.66%提高到干预教育后的 74.70%，"较差"等级的学生较干预前下降了 7%。回测时实验组学生社会适应能力"较好"的学生保持在 73.43%，而

“较差”的学生占为7.58%，比对照组少6.96%。

表3-2-8-4　干预后、回测时高中学生社会适应能力变化比较

时段	实验班 男 M±SD	实验班 女 M±SD	合计 M±SD	对照班 男 M±SD	对照班 女 M±SD	合计 M±SD	P
后测	87.36±11.18*	86.62±11.46*	86.99±11.32*	79.25±11.5	78.59±11.73	78.92±11.62	*
回测	87.02±12.18	86.25±11.74	86.64±11.96	77.31±11.87	78.18±12.36	77.75±12.12	*

（注：* P<0.05。）

中学生社会适应能力前测、后测和回测的多重比较也表明（表4-2-8-5），干预后实验组学生的社会适应能力显著提高，且具有良好的延续性。

表3-2-8-5　实验组中学生社会适应变化的时间主效应多重比较结果

因变量	前测与后测 P值	后测与回测 P值	前测与回测 P值
社会适应	0.02*	0.76▲	0.02*

（注：▲P>0.05；* P<0.05。）

（九）干预教育对中学生总体心理健康状况的影响

由表3-2-9-1至表3-2-9-3可见，干预后实验组学生心理健康的状况有明显改观（P<0.05），尤以初中学生干预效果较为显著（P<0.01）。实验组学生有中度以上心理问题的学生由6.93%下降到6.19%。而对照组学生在后测时中度以上心理问题人数有上升趋势（7.19%→8.22%）。干预教育后：

表 3-2-9-1　干预后及回测时中学生 MMHI-60 比较

维度	等级	实验组				对照组			
		后测		回测		后测		回测	
		人数	%	人数	%	人数	%	人数	%
强迫	无	200	29.50	203	29.94	104	18.18	112	19.58
	轻度	339	50.00	319	47.05	272	47.55	280	48.95
	中度	139	20.50	156	23.01	195	34.09	180	31.47
偏执	无	275	40.56	274	40.41	174	30.42	172	30.07
	轻度	337	49.71	339	50.00	326	56.99	332	58.04
	中度	66	9.73	65	9.59	72	12.59	68	11.89
敌对	无	454	66.96	460	67.85	289	50.52	293	51.22
	轻度	182	26.84	171	25.22	225	39.34	226	39.51
	中度	42	6.19	47	6.93	58	10.14	53	9.27
人际紧张敏感	无	407	60.03	418	61.65	302	52.80	312	54.55
	轻度	198	29.20	191	28.17	202	35.31	203	35.49
	中度	73	10.77	69	10.18	68	11.89	60	10.49
抑郁	无	412	60.77	380	56.05	299	52.27	290	50.70
	轻度	229	33.78	251	37.02	237	41.43	235	41.08
	中度	37	5.46	47	6.93	39	6.82	47	8.22
焦虑	无	333	49.12	317	46.76	263	45.98	284	49.65
	轻度	259	38.20	261	38.50	249	43.53	238	41.61
	中度	86	12.68	100	14.75	60	10.49	49	8.57
学习压力感	无	235	34.66	298	43.95	159	27.80	227	39.69
	轻度	287	42.33	215	31.71	269	47.03	199	34.79
	中度	156	23.01	165	24.34	144	25.17	146	25.52
适应不良	无	400	59.00	377	55.60	188	32.87	178	31.12
	轻度	227	33.48	239	35.25	333	58.22	344	60.14
	中度	51	7.52	62	9.14	51	8.92	50	8.74

续表

维度	等级	实验组				对照组			
		后测		回测		后测		回测	
		人数	%	人数	%	人数	%	人数	%
情绪波动	无	396	58.41	320	47.20	176	30.77	184	32.17
	轻度	237	34.96	289	42.63	305	53.32	301	52.62
	中度	45	6.64	69	10.18	91	15.91	87	15.21
心理不平衡	无	404	59.59	442	65.19	172	30.07	212	37.06
	轻度	198	29.20	179	26.40	311	54.37	301	52.62
	中度	76	11.21	57	8.41	89	15.56	60	10.49
心理健康	无	434	64.01	421	62.09	225	39.34	234	40.91
	轻度	202	29.79	210	30.97	300	52.45	290	50.70
	中度	42	6.19	48	7.08	47	8.22	48	8.39

在“强迫”维度上：实验组与对照组相比，组间差异显著（P＜0.01）。实验组学生中度以上问题的人数由干预前的34.37%下降到20.50%，在十个分量表中降幅最大。

干预后，初、高中实验组无问题的学生较干预前分别上升13.46%和11.91%；有中度以上问题的学生分别下降7.55%和10.12%；回测时，有中度以上问题的学生分别为20.18%和25.89%，与后测结果相比差异不显著（P＞0.05），这说明干预的后续效果较好。

在“偏执”维度上：实验组与对照组比较，组间差异显著（P＜0.01），实验组学生中度以上问题的人数由干预前的16.96%下降到9.73%。

干预后，初、高中实验组学生无问题的学生较干预前分别上升8.48%和7.14%；有中度以上问题的学生分别下降

4.68％和9.82％；回测时，有中度以上问题的学生分别为9.65％和9.52％，与后测结果相比，组间差异不显著（P＞0.05），这说明干预的后续效果较好。

在“敌对”维度上：实验组与对照组比较，组间差异显著（P＜0.01），实验组学生中度以上问题的人数由干预前的11.95％下降到6.19％。

干预后，初、高中实验组学生无问题的学生较干预前分别上升19.01％和11.31％；有中度以上问题的学生分别下降3.22％和3.84％；回测时，有中度以上问题的学生为7.31％和6.55％，与后测结果相比，组间差异不显著（P＞0.05），这说明干预的后续效果较好。

在“人际关系紧张与敏感”维度上：实验组与对照组比较，组间差异显著（P＜0.01），实验组学生中度以上问题的人数由干预前的13.57％下降到10.77％。

干预后，初、高中实验组学生无问题的学生较干预前分别上升6.44％和9.22％；有中度以上问题的学生分别下降2.64％和2.97％；回测时，有中度以上问题的学生分别为9.39％和11.01％，与后测结果相比，组间差异不显著（P＞0.05）。

在“抑郁”维度上：实验组与对照组比较，组间差异显著（P＜0.05），实验组学生中度以上问题的人数由干预前的7.08％下降到5.46％。

干预后，初、高中实验组学生无问题的学生较干预前分别上升12.58％和1.49％；有中度以上问题的学生分别下降1.76％和1.5％；回测时，有中度以上问题的学生分别为6.14％和7.74％，与后测结果相比，组间差异不显著（P＞0.05）。

在“焦虑”维度上：实验组与对照组比较，实验组学生中度以上问题的人数由干预前的 14.45%下降到 12.68%，但组间差异不显著(P>0.05)。

干预后，初、高中实验组学生无问题的学生分别较干预前上升 1.14%和 4.47%；有中度以上问题的学生分别下降 3.57%和 0.14%；回测时，有中度以上问题的学生为 12.87%和 16.67%，与后测结果相比，组间差异不显著(P>0.05)，这说明干预的后续效果较好。

在“学习压力感”维度上：实验组学生中度以上问题的人数由干预前的 29.79%下降到 23.01%，但回测时实验组学生中度以上问题的人数又上升为 24.34%。实验组与对照组比较，组间差异不显著(P>0.05)。

干预后，初、高中实验组学生无问题的学生分别较干预前上升 3.81%和 4.16%；有中度以上问题的学生分别下降 2.92%和 4.72%，但实验组与对照组比较，组间差异不显著(P>0.05)。回测时有中度以上问题的学生分别为 15.20%和 33.63%，与后测结果相比反弹较大，这说明学生在进入初三、高三后升学压力的加大，干预教育的延续性对学生影响不大。

表 3-2-9-2　干预后及回测时初中学生 MMHI-60 比较

维度	等级	实验组				对照组			
		后测		回测		后测		回测	
		人数	%	人数	%	人数	%	人数	%
强迫	无	111	32.46	116	33.92	53	18.32	59	20.11
	轻度	182	53.22	157	45.91	137	46.93	142	48.72
	中度	49	14.33	69	20.18	101	34.75	91	31.17

续表

维度	等级	实验组				对照组			
		后测		回测		后测		回测	
		人数	%	人数	%	人数	%	人数	%
偏执	无	143	41.81	138	40.35	90	30.94	88	30.02
	轻度	162	47.37	171	50.00	159	54.38	166	56.89
	中度	37	10.82	33	9.65	43	14.68	38	13.09
敌对	无	241	70.47	227	66.37	152	52.03	155	53.21
	轻度	74	21.64	90	26.32	117	39.96	117	40.03
	中度	27	7.89	25	7.31	23	8.01	20	6.76
人际紧张敏感	无	211	61.70	213	62.28	164	56.26	170	58.14
	轻度	97	28.36	97	28.36	101	34.53	97	33.27
	中度	34	9.94	32	9.36	27	9.21	25	8.59
抑郁	无	228	66.67	197	57.60	154	52.74	155	53.03
	轻度	96	28.07	124	36.26	121	41.34	123	42.09
	中度	18	5.26	21	6.14	17	5.92	14	4.88
焦虑	无	176	51.46	175	51.17	152	52.03	185	63.49
	轻度	144	42.11	123	35.96	122	41.76	94	32.3
	中度	22	6.43	44	12.87	18	6.21	12	4.21
学习压力感	无	144	42.11	218	63.74	108	36.96	176	60.12
	轻度	141	41.23	72	21.05	144	49.37	67	22.86
	中度	57	16.67	52	15.20	40	13.67	50	17.02
适应不良	无	197	57.60	203	59.36	87	29.72	80	27.31
	轻度	118	34.50	114	33.33	181	62.06	191	65.42
	中度	27	7.89	25	7.31	24	8.22	21	7.27

续表

维度	等级	实验组				对照组			
		后测		回测		后测		回测	
		人数	%	人数	%	人数	%	人数	%
情绪波动	无	209	61.11	170	49.71	97	33.29	102	34.81
	轻度	109	31.87	143	41.81	162	55.47	154	52.86
	中度	24	7.02	29	8.48	33	11.24	36	12.33
心理不平衡	无	173	50.58	190	55.56	92	31.58	119	40.64
	轻度	132	38.60	122	35.67	165	56.42	150	51.27
	中度	37	10.82	30	8.77	35	12	24	8.09
心理健康	无	218	63.74	215	62.87	121	41.44	129	44.18
	轻度	104	30.41	106	30.99	149	51.03	142	48.63
	中度	20	5.85	22	6.43	22	7.53	21	7.19

在"适应不良"维度上：实验组与对照组比较，组间差异显著(P＜0.05)，实验组学生中度以上问题的人数由干预前的8.26％下降到7.52％。但高中学生实验组与对照组比较，组间差异不显著(P＞0.05)。干预前后适应不良问题的转化突出表现为轻度适应不良人数的显著减少上。

干预后，初、高中实验组学生无问题的学生分别较干预前上升11.34％和14.11％；有中度以上问题的学生分别下降0.87％和0.59％；回测时，有中度以上问题的学生分别为7.31％和11.01％。初中实验组与自身后测结果相比，组间差异不显著(P＞0.05)；高中实验组与后测结果相比，组间差异显著(P＜0.05)，这说明高中学生从高二到高三存在明显的适应过程。

在“情绪波动”维度上：实验组与对照组比较，组间差异显著(P＜0.05)，实验组学生中度以上问题的人数由干预前的13.86%下降到6.64%。

干预后，初、高中实验组学生无问题的学生较干预前分别上升8.95%和7.38%；有中度以上问题的学生分别下降1.46%和3.1%；回测时，有中度以上问题的学生分别为8.48%和11.90%；与后测结果相比，组间差异不显著(P＞0.05)，这说明干预的后续效果较好。

在“心理不平衡”维度上：实验组与对照组比较，组间差异显著(P＜0.05)，实验组学生中度以上问题的人数由干预前的15.63%下降到11.21%。

干预后，初、高中实验组学生无问题的学生较干预前分别上升12.34%和11.07%，有中度以上问题的学生分别下降4.38%和4.46%；回测时，有中度以上问题的学生分别为8.77%和8.04%，呈继续下降的趋势；与自身后测结果相比，组间差异不显著(P＞0.05)，这说明干预的后续效果较好。

从心理健康的总体状态而言，存在明显的年级和性别的主效应。高中学生的心理健康问题明显较初中学生严重，特别是在学习压力感、焦虑和情绪波动三个维度的年级差异显著。在心理健康的其他七个维度，也存在不同程度的年级差异。此外，性别主效应也是中学生心理健康的一个重要自然影响因素。男女生在强迫、偏执、敌对、人际紧张与敏感、抑郁、焦虑和学校压力感7个量表的测试中，存在显著差异(P＜0.05)，女生心理健康问题较男生严重，且有随年级增长而增长的趋势。从干预过程和效果来看，初中较高中更容易接受教育，并产生良性转变；女生相对男生更容易接受教育。

表 3-2-9-3　干预后及回测时高中组学生 MMHI-60 比较

维度	等级	实验组				对照组			
		后测		回测		后测		回测	
		人数	%	人数	%	人数	%	人数	%
强迫	无	89	26.49	87	25.89	51	18.21	53	18.85
	轻度	157	46.73	162	48.21	135	48.13	138	49.28
	中度	90	26.79	87	25.89	94	33.66	89	31.87
偏执	无	132	39.29	136	40.48	84	29.91	84	30.11
	轻度	175	52.08	168	50.00	167	59.65	166	59.14
	中度	29	8.63	32	9.52	29	10.44	30	10.75
敌对	无	213	63.39	233	69.35	137	48.88	138	49.32
	轻度	108	32.14	81	24.11	108	38.74	109	38.85
	中度	15	4.46	22	6.55	35	12.38	33	11.83
人际紧张敏感	无	196	58.33	205	61.01	138	49.32	142	50.74
	轻度	101	30.06	94	27.98	101	36.15	106	37.68
	中度	39	11.61	37	11.01	41	14.53	35	12.58
抑郁	无	184	54.76	183	54.46	145	51.86	135	48.37
	轻度	133	39.58	127	37.80	116	41.25	112	40.02
	中度	19	5.65	26	7.74	22	7.89	33	11.61
焦虑	无	157	46.73	142	42.26	111	39.52	99	35.45
	轻度	115	34.23	138	41.07	127	45.38	144	51.44
	中度	64	19.05	56	16.67	42	15.1	37	13.11
学习压力感	无	91	27.08	80	23.81	51	18.34	51	18.39
	轻度	146	43.45	143	42.56	125	44.59	132	47.26
	中度	99	29.46	113	33.63	104	37.07	96	34.35

续表

维度	等级	实验组				对照组			
		后测		回测		后测		回测	
		人数	%	人数	%	人数	%	人数	%
适应不良	无	203	60.42	174	51.79	101	36.14	98	34.92
	轻度	109	32.44	125	37.20	152	54.28	153	54.81
	中度	24	7.14	37	11.01	27	9.58	29	10.27
情绪波动	无	187	55.65	150	44.64	79	28.15	82	29.36
	轻度	128	38.10	146	43.45	143	50.99	147	52.37
	中度	21	6.25	40	11.90	58	20.86	51	18.27
心理不平衡	无	231	68.75	252	75.00	80	28.55	93	33.26
	轻度	66	19.64	57	16.96	146	52.17	151	53.98
	中度	39	11.61	27	8.04	54	19.28	36	12.76
心理健康	无	216	64.29	206	61.31	104	37.14	105	37.50
	轻度	98	29.17	104	30.95	151	53.93	148	52.86
	中度	22	6.55	26	7.74	25	8.93	27	9.64

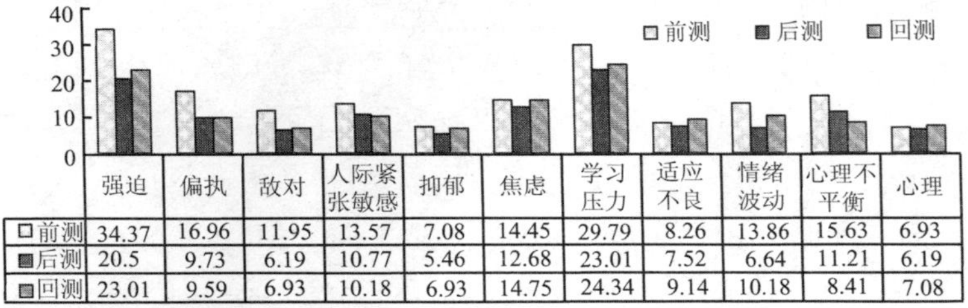

图 3-2-9-2　干预前后回测 MMHI-60 实验组有中度及以上问题学生变化比较

本书中接受干预教育的实验组学生在干预后除焦虑和学习压力感两个维度与对照组相比组间差异不显著外，其他八个维度差异均比较显著。从图 3-2-9-1 和图 3-2-9-2 可看出，按各维度中无问题学生干预后增长比例进行排序，从大到小依次是适应不良、情绪波动、心理不平衡、焦虑、敌对、强迫、人际关系紧张与敏感、抑郁、偏执、学习压力。按各维度中中度及以上问题学生干预后减少比例进行排序，从大到小依次是强迫、学习压力、偏执、情绪波动、焦虑、人际关系紧张与敏感、心理不平衡、敌对、适应不良、抑郁。

从回测时各维度保持情况来看，中度及以上问题学生比例继续下降的依次是人际关系紧张与敏感、敌对、心理不平衡、抑郁；而中度及以上心理问题的学生出现反弹的依次是学习压力(－5.31％)、适应不良(－2.95％)、情绪波动(－2.48％)、焦虑(－0.59％)、强迫(－0.45％)、偏执(－0.15％)；整体心理健康中度及以上心理问题的学生也由干预后的 6.19％上升到 7.08％，这说明学生心理健康干预的复杂性和多变性。

在干预教育中发现，绝大多数学生都希望能够学到实用的心理健康知识，并通过体育活动排解心理压力，也认为体育课和青少年体育俱乐部是学校里缓解心理紧张、增加与同学交流机会的最适当的场所(89.44％)。

(十)小结

干预教育后，实验组与对照组学生在心理健康、身体素质、体育与健康知识、信念、行为的比较中均有不同程度改善和提高。

初、高中实验组学生无问题的人数较干预前分别上升 11.34％和 14.11％(总体上升 12.72％)，有中度以上问题的学生分别下降 0.87％和 0.59％(总体下降 0.74％)；按各维度中度以上问题学生干预后减少比例进行排序，前 5 位依次是强迫、学习压力、偏执、情绪波动、焦虑、人际关系紧张与敏感。

实验组 KAP 各维度得分均有所增长，知、信、行总分分别增长了 14.85，11.44，12.85；KAP 总分由干预前的 49.26 增长为 89.77。

实验组学生身体素质优秀率提高 8.70%，良好率提高 18.14%，不及格率下降 8.85%。四项身体素质按提高幅度排序为：力量、耐力、肌肉爆发力和速度素质。同时，实验组学生在锻炼感觉的精神振作感和积极参与感两维度也有显著提高。

实验组学生的意志品质在自觉性、坚韧性和果断性三个维度上较对照组提高显著。

学生的整体自尊都有不同程度的提高，其中实验组学生自尊水平比对照组提高幅度更大。

实验组学生的情绪状态得到改善，积极情绪得分增加、消极情绪得分下降、TMD 值降低。

实验组学生除学业自信和社会交互外，在体育运动、外表、友情、当众讲话、影响自信的心境等 PEI 的五个维度上比对照组有明显改善。

实验组学生的社会适应能力得到提高，处于“较好”等级学生的比例由干预前的 37.8%上升到 73.59%；“较差”等级学生的比例也下降了 8.06%。

回测时学生总体的心理健康、身体素质、KAP 得分均有不同程度下降。但实验组在各项比较中仍优于对照组。

三、干预教育的过程评价

本研究对实验组进行了 5 个月教育干预，在干预过程中和结束后，研究者、任课教师和实验组学生对实验中教学内容的选用、教学方式、教师授课能力和效果进行了评价。结果显示，有83.26%的学生认为这门课可以接受，89.32%的学生喜欢或非常喜欢上这门课，通过学习共有94.74%的学生认为自己有收获，其中分别有52.19%、23.71%和18.84%的学生表示有“很多”“较多”和“一些”收获。

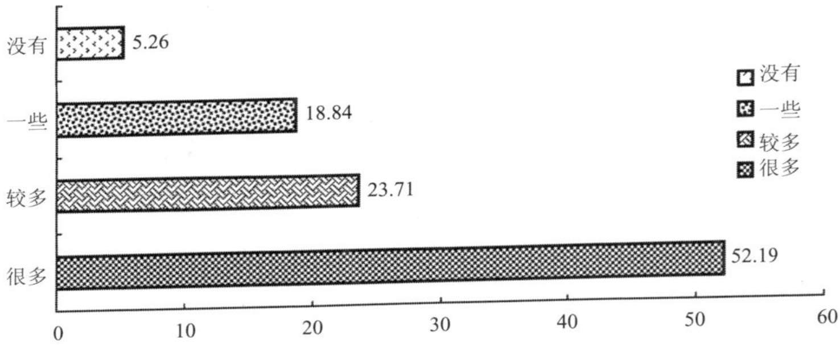

图 3-3-1-1　干预教育后实验组学生对干预教育的评价

(一)对教学内容的评价

教学内容作为重要的课程资源，为教师实施教学活动提供了重要的素材平台。本研究在选取教学内容时，从知识与技能，过程与方法，情感、态度与价值观三个维度出发，选取既有利于激发学生兴趣，又有利于在青少年体育俱乐部中进一步开发的教学内容进行教育干预。同时，在干预教育中把教育资源的内涵延伸到社会、家庭和每一个学生。这有利于学生巩固即学知识与技能，激发体育兴趣，启迪心智，培养良好的情绪情感，也为教师尽快熟悉学生，进一步在学生中开展心理健康教育奠定基础。青少年体育俱乐部中教学辅助内容的开发与学科教学密切相连，它不仅是干预教育的辅助与延伸，也是干预教育的重要部分。

1. 教师对教学内容的评价

总体来讲，参与实验的教师和学校的教育巡视员对教学内容的选择和教案的设计比较满意。教师对教学内容、教学设计等的总评分为92.37分(满分为100分)。评价如下：

(1)从每节课的内容到教学形式都比较符合学生的需求，能够引起学生的共鸣。

(2)理论课的课件设计合理，叙述清楚，易于操作；动画设计生动，与运动实践结合密切，便于学生理解。

(3)技术课内容新颖，教学步骤清晰，各学段联系紧密。

(4)体育课教学与青少年体育俱乐部训练配合较好，有利于学生巩固课上知识、技能，掌握强健身心的方法，提高学生的身心素质。

实验结束后，教师们还对教学内容提出以下几点意见。

(1)教学设计对初二和高二年级较为适用，但是学生即将进入初三和高三年级。参加升学考试的特殊性，可能造成后续的效果会下滑，因此应从长远设计。

(2)养成学生良好的体育习惯，并引导他们形成良好的心理健康状态，应当从初一到高三所有年级系统进行，否则不利于良好效果的保持。

(3)应当专门针对毕业班开展减少心理压力、提高自信心等方面的体育与心理健康相结合的教育活动，帮助学生“放下包袱，开动机器”。

(4)教学中课的顺序可以做相应的调整，部分内容可以融合、交叉。

此外，教师们还对教学内容的修改提出了许多有建设性的意见，对研究者进一步完善教育研究起到重要作用。

2. 学生对教学内容的评价

由实验组学生填写《体育与健康教育评价表》，了解学生对教学内容的认可程度。结果表明，有88.39%的学生表示对这个学期的体育教学内容非常感兴趣。教学内容的平均得分为94.26分(满分为100分)。有89.46%的同学表示体育与健康教育和体育俱乐部相结合的体育教育方式有利于提高其参加体育活动的积极性，7.37%的学生表示不需要，另有3.17%认为无所谓。

学生认为印象最深刻的三项技术课教学内容依次是：健美操(含形体练习)、游戏和武术；印象最深刻的三项理论课教学内容依次是：毕业班学生与考试焦虑、习惯与成功、体育锻炼科学方法及运动处方。在学生专题小组访谈中，各组学生对教学内容做了如下评价。

(1)我认为这学期的体育课内容挺丰富的。理论课上不知不觉中学到了许多体育知识和心理知识。我觉得这些知识不但对我保持良好的身体状态有好处，而且对我在学习上也有很大帮助。

(2)体育课贴近我的生活。现在的学生生活除了学习，就是学习。只有体育是我们放松的好方法。课上学到的一些健身操等，非常时尚，符合我们的兴趣。

(3)我喜欢理论课上放的幻灯片和Flash动画，它很形象，让我一看就懂。比如，在学头手倒立的时候，我总也找不到力点，支撑不住。看了老师做的动画，我很快就明白了。

(4)《习惯与成功》这次课对我启发很大。上课结束时，我们和录像上的成龙一起唱到“没有人能够随随便便成功”时，我深刻地明白了一个道理：坚强的意志品质是形成良好习惯的基础，而好的习惯是一生受用不尽的资源，这些都是走向成功的保证。

学生们还对教学内容提出了许多新的要求，如开设新兴的体育项目，增加自由活动的时间等。

（二）对教学方法的评价

干预教育重视学生主体地位、强调以养成习惯、维护健康为目标。在课堂内外主要采用参与式教学方式，突出以运动为主要调动手段，以多种活动为辅助诱导方式的体验教育。通过把相关理念、知识和技能与课内外的活动相结合，提高学生对体育与健康，体育对改善心理健康的认识，并逐步将认识内化为技能、方法和习惯。这一过程验证了凯尔曼关于“服从、同化、内化”的态度转变三阶段理论。本研究通过师生的实践，总结一些常用教学方法（见表 4-3-3-1），其中运动参与、游戏、比赛、健康快车、案例分析和讲座是使用频率最高的教学方法。

在本研究中，研究者还设计了演示实验，将信息化教学的手段引入课堂，并结合教学内容，选取优秀体育录像片段和部分课上学生录像加以回放、分析，提高学生对体育动作、体育项目及体育文化的理解程度。

干预教育中新颖而活跃的教学方式受到学生的欢迎和好评。学生喜欢的教学方式（多选）依次为：运动参与（86.47%）、游戏（81.32%）、体育比赛（78.96%）、看其他同学表演小品（73.43%）、案例分析（71.39%）、小组讨论（66.31%）、健康快车（62.17%）、角色扮演（54.93%）、课内外小调查（51.79%）等。学生喜欢教师在讲课时采用多媒体讲授理论课

(86.76%)、多举一些有关中学生心理问题及锻炼与健康的实例(84.37%)、给学生更多的发言机会(77.41%)、在青少年体育俱乐部活动中介绍街舞、轮滑等新兴体育项目(56.32%)。

有83.21%的学生认为自己积极参加了体育课和青少年俱乐部的活动，86.92%的学生认为在课上学到很多有益身心的锻炼方法和技能，74.82%的同学认为自己积极参加了3项以上班级内外的讨论或实践活动。学生对教学方法的总评分为88.64分(满分100分)。

在实验过程中和结束后与学生代表的座谈中，学生对教学方式做出了积极而肯定的评价。

(1)课上我们都能看出，老师特别认真，已经满头大汗还在一遍遍不厌其烦的示范、讲解。有时候学不会动作，都觉得对不起老师。

(2)我认为体育课和俱乐部的锻炼活动有一举两得的作用。第一是放松一下紧张的心情，是对学习的调节；第二是锻炼身体，增强体质，也增强了对疾病的抵抗能力。

(3)我认为课上的游戏很重要。室外课的游戏让我在快乐中锻炼了身体；室内课的游戏让我学会很多技能。比如，如何缓解与同学的紧张关系，学习疲劳时如何放松等。

(4)我特别喜欢听老师在课上讲的一些例子。通过那些例子，我认识到身体健康和心理健康是走向成功的两大保证，缺一不可。

(5)参加社区体育锻炼社会调查后，我的感触很深。人们都是在年老后才认识到健康的重要。我们应该珍惜现在学校的时光，学会实用的健康知识和健身方法，为以后自我锻炼打基础。

(三)对教师教学能力的评价

1. 教师教学能力的他评与自评

当前的新课程改革要求教师以研究者的身份进入教学第一线，参与教学实践，并将实践活动本身作为研究对象进行审视、探究、总结、反思、修正。在干预前研究者对参与实验的体育教师进行了为期 3 天的培训，由研究者准备材料和多媒体课件，分别就《体育与健康》课程标准、新兴体育项目和现代健身、青少年心理健康、健康教育与健康促进等内容进行了为期 3 天共 21 学时的培训，分为理论学习和技能培训两阶段。

干预过程中，聘请实验学校中三位高级教师(教育巡视员)对实验教师的授课情况进行量化评分。具体教学评价主要针对教师的课前准备、教学目标、任务的完成情况、教学策略的运用、学生学习状态、课上紧急或特殊情况处理能力、课后小结情况等进行评分，具体评价指标见表 3-3-3-1。在“评价标准”一栏中，每项满分为 5 分，合计 100 分。从实验结束后的综合得分情况来看，实验教师总平均分 88.85 分，且得分情况表现为由前到后逐渐升高的趋势，这说明教师的教学能力逐步提高，能够很好地胜任干预教学工作。

研究者和实验教师除完成自身教学任务外，还互相听课，互相评分。在每次同头备课时，实验教师还针对前一阶段的教学情况，互相提出意见和不足，以便及时改进提高。这种方式让两位与研究者一起上课的实验教师受益匪浅，教学能力显著提高，在实验结束后，石家庄市和河北省组织的中学优质课评比中两位实验课教师均获得优异成绩。

表 3-3-3-1 教师课堂教学评价表

名称	指标	评价标准	满分	均分	备注
教学目标内容完成情况	教学目标教学内容	1. 体现课程标准要求，完成知识、技能的学习任务，培养学生良好的身体、心理素质； 2. 依据不同的教学内容、学生特点，制定具体的、切合学生实际的教学目标； 3. 把握教材的内容结构，适时结合心理健康教育内容； 4. 教学内容与练习强度、密度相符合，容量合理； 5. 能适当补充相关的情景材料支持学生学习，并能够依据教学内容，适时拓展。	25	23.87	
教学策略	激励性教学策略	1. 兴趣激励：让学生明确所学内容的重要价值，优化导入设计，教师通过精心设计教学过程，适当补充与学生生活相关联的教学材料，激励学生的学习； 2. 氛围激励：正确运用肯定和奖励，采取适当的竞争方法，开展适度竞争，营造民主、平等、和谐、积极向上的课堂氛围； 3. 充分、恰当地运用教材、录音、录像等多媒体，让学生全感官参与学习。	15	12.94	
	自主性教学策略	1. 问题设计最优化：教师要注意典型问题设计、分析、解决，为学生自主发展提供时间和空间； 2. 教学过程活动化：组织多种形式的课堂教学表演、讨论、交流、辩论、竞赛等活动形式，完成教学目标； 3. 在教学中注重学法指导：在教学中注重学生自学、指导学生学会自由学习、指导学生学会自我评价。	15	13.23	

续表

名称	指标	评价标准	满分	均分	备注
教学策略	创造性教学策略	1. 指导学生大胆质疑，培养学生发现问题解决问题的能力，并以学生的问题作为教学的出发点； 2. 引导学生对教学内容进行评议，鼓励学生发表不同意见和独创性的见解； 3. 组织学生进行研究性学习。	15	11.87	
学生状态	学习状态	1. 学生注意力集中，课堂气氛活跃，学生兴趣浓厚、求知欲强； 2. 学生参与面大，学生有充分参与的时间与空间；课堂中能够进行有效的合作、平等的交流； 3. 学生的思维得到启发，不断地提出问题，积极地思考问题、分析问题，培养学生的创造性。	15	13.39	
	学习结果	1. 达成预定的教学目标； 2. 好、中、差三个层次的学生在原有的水平上得到提高； 3. 围绕课堂教学的优质高效，积极探索课堂教学。	15	13.55	
合计			100	88.85	

2. 学生对教师教学能力的评价

实验结束后，由实验组学生填写《体育与健康教育评价表》，对实验课教师的教学能力和授课情况进行评分。主要包括：教学目标、教学内容、教学过程和方法、教学基本素养、教学即时效果五项。二级指标每项总分为 10 分，合计 100 分。实验教师平均得分为 87.42 分(表 3-3-3-2)。

3. 学生对体育教师的总体要求

实验过程中和实验结束后，在学生分组访谈中，学生对实验教师给予了高度评价。对教师的任课态度、教学能力和师生关系等给予积极肯定。同时，他们纷纷谈到学生心目中对体育与健康课教师的要求和希望：体育老师应该有匀称的体型、优美的姿态、健康向上的形象；要有良好的运动技术，示范动作标准、优美、熟练，能够激发我们锻炼的兴趣；要热情、大方、开朗，易于接近，能够和学生成为好朋友；要有坚毅的性格、豁达的心胸、坚强的意志品质、和蔼可亲的形象；要有较强的组织能力，在同学中有威信，既能很好地组织课堂教学活动，又能指导体育俱乐部的活动。安排学习内容要活泼，不死板；要有爱心，热爱自己的工作，肯为工作付出时间和精力；要理解学生，尊重学生的意见和选择，对学生有耐心，多鼓励，少批评。

表 3-3-3-2 体育与健康教育评价表(学生用)

名称	一级指标	二级指标	满分	均分	备注
教学目标	确切度	教学目标明确具体，切合实际	10	8.86	
教学内容	科学性 教育性	讲授技能、知识清晰，内容新颖，结合教学内容渗透心理健康教育，培养学生良好习惯	10	8.73	
教学过程和方法	合理性	整体设计合理，重点突出，抓住关键，教学形式、方法、手段符合内容需要	10	8.59	
	针对性	因材施教、及时反馈，练习项目并有层次、有梯度，练习方法和强度安排适当	10	8.85	
	启发性	精心设问，指导得法，调动学生学习的积极性，激发学生兴趣	10	8.68	

续表

名称	一级指标	二级指标	满分	均分	备注
教学基本素养	教学组织	准备充分，纪律良好，有应变能力	10	8.46	
	教学民主	教态自然，尊重学生，气氛融洽	10	8.51	
	语言与示范	语言精练，用词准确，讲普通话；示范动作准确，示范位置适当	10	9.23	
教学即时效果	双基能力	按时完成教学任务，学生基本掌握基本知识和基本技能，学习能力得到培养	10	8.34	
	情意发展	学生注意力集中，思维活跃，反映良好，师生配合默契	10	9.17	
合计			100	87.42	

4. 对实验教师的追踪调查

本研究的开展得到实验学校的大力支持，受到老师和同学们的关注。两名参与实验的教师均为学校青年骨干教师，其中一名老师还是学校重点班的班主任。在本研究结束后，研究者对实验教师进行了追踪调查，发现两名实验课教师都已经把实验研究工作进行了总结、推广和应用。主要包括以下几个方面。

(1)积极开展科研活动。

实验教师以体育与健康课程改革和中学生心理健康为主题，报送了石家庄市教委的局管课题；

一名教师将教学体会撰写成文，投稿至《河北体育学院学报》发表；

另一名教师的论文获得石家庄市中学体育论文报告会一

等奖。

(2)在实践一线取得优异成绩。

两名实验教师分别获得新华区和石家庄市体育优质课评比一等奖；

担任班主任的实验教师所在班级的主题班会《让科学的体育运动引领你走向健康和成功》获得石家庄市“优秀主题班会”奖；

一名教师获得河北省体育优质课评比一等奖。

(3)继续开展行动研究

两名教师总结实验课的经验，与多所兄弟学校联合开展对中学六个年级的体育与健康课程改革试点实验；

在青少年体育俱乐部中开展特定体育项目对改善中学生心理健康状况的实践研究。

(四)教学效果、教学内容、教学方式和教师教学能力的关系

在《体育与健康教育评价表》中，按百评分制，让学生对自己在体育学习和心理健康方面的收获进行自我评估，得分越高表示收获越大。结果表明，实验班学生得分均值最高分为87.52分，最低分为79.34分，平均得分为84.62。采用单因素方差分析法(One-Way ANOVA)，检验不同授课教师对不同实验班学生的学习收获、教学内容、教学方式和教师授课能力四个方面评分的差异进行显著性检验。结果表明，八个实验班在四个方面的得分差异均不显著($P>0.05$)，见表3-3-3-3。这说明实验教师水平相当，教师因素对实验结果影响不大。

表 3-3-3-3　实验班学生的收获及其对教学情况的评价

班级代号	学习收获	教学内容	教学方式	教学能力
J-1	87.52	94.62	90.43	88.32
J-3	85.30	94.21	90.22	87.93
J-6	86.46	95.87	90.53	88.43
J-7	83.76	94.85	89.65	85.39
S-1	84.94	93.83	87.82	88.91
S-5	81.72	93.69	86.37	86.22
S-7	79.34	92.64	87.71	87.23
S-8	84.58	94.38	86.42	86.93
平均	84.62	94.26	88.64	87.42
F	3.58	1.80	0.42	0.98
P	0.448	0.079	0.189	0.732

分析学生的收获与教学内容、教学方式和教师授课能力的关系，以学生的收获为因变量（Y），以学生对教学内容的评分（X1）、对教学方式的评分（X2）、对教师教学能力的评分（X3）为自变量，进行多元回归分析。选用后退法剔除变量，剔除标准为 $F>0.10$，结果显示，各变量间的相关较为密切，除 X1∶Y外，相关系数均大于 0.5（表 3-3-3-4）。三个自变量均被选入方程。方程的复相关系数为 0.857，决定系数为 0.841。回归方程为：$Y=1.547+0.464X1+0.955X2+0.781X3$。以上方程说明三者对教学效果均有影响。教学内容、教学方式和教师授课能力得分越高，学生的收获越大。其中教学方式和教师授课能力对教育效果的影响较大。

表 3-3-3-4　多元回归分析中各变量之间的相关关系

	Y	X1	X2	X3
Y	1.000			
X1	0.489	1.000		
X2	0.611	0.517	1.000	
X3	0.556	0.835	0.520	1.000

(五)开展体育与健康教育的重要条件

在本研究中，实验课教师都是第一次尝试以《体育与健康课程标准》为依据，通过体育与健康教育对中学生体育与健康的知识、信念、行为及心理健康状况进行干预教育。因此，在5个多月的教学工作中，任课教师遇到了各种各样的困难。按照重要程度排序列出所遇到的困难，归纳为以下几点。

(1)班容量大，加大了个性化教学的难度。

(2)相关教学参考资料与以前的教学方法相比差别不大，可操作性不强，实例少。

(3)自身教学能力，特别是制作和应用多媒体课件的能力有待进一步提高。

(4)与其他学科相比，体育与健康教育在学校和社会中还没有引起足够的重视。

(5)毕业班学生压力大，保持良好的实验效果有一定难度。

同时，实验教师还列出了保证体育与健康教育顺利实施的因素，可依次归纳为以下几点。

(1)领导支持，提供一定的政策、设备支持和合理的学时比例。

(2)班主任积极支持、配合。

(3)有合适的课程资源、良好的硬件条件和热爱体育的整体氛围。

(4)有专人进行指导和监控，提供科研方法的指导。

(5)教师要以对事业、对学生负责的态度，以饱满的热情对待教学工作。

(6)教师集体备课，相互观摩，经常交流经验，是提高教学水平的重要因素。

(7)教师应接受新课程改革和学生心理、生理发展的教育培训，提高教师专业知识、技能水平。

(8)教师要了解学生、尊重学生，与学生建立良好的师生关系。

(9)得到相关学科教师的支持和配合，以发挥教育的合力作用，改善学生的心理健康状况。

(10)取得家长的支持和参与，建立学校、家庭和社会的教育网络，为学生的健康成长提供良好的内外环境。

第四章　讨　论

一、干预教育的目标人群访谈及评价

中小学的教育研究是一种实践性的研究活动，其主要目的是解决教育教学实践中遇到的问题。定量与定性研究相结合，以促进学生发展为主旨的多元评价是实现上述研究目的的重要方法。定性研究是现代教育研究中一种重要的研究方法。与定量研究相比较，它具有注重多元性、整体性和过程性的特点；同时，定性研究较定量研究更为生动而鲜明，是当代教育评价体系中极富人性化的评价方法。本研究在干预教育前、干预过程中、干预结束后及回测时分别对学生、教师、家长三大群体的相关人群进行了重点访谈、座谈，同时采用直接谈心、电话、电子邮件、信件等多种形式与重点目标人群保持联系，获得大量宝贵的资料。

(一)学生自我评价

1. 干预后学生的评价

在干预教育结束后，研究者对实验组学生代表进行了四类重点人群的访谈。学生们分别谈到了自己在不同方面的收获和体会。

A：我从没想到过体育课可以这样上。以前在语音室上的都是语文、外语课，现在的体育课也可以在语音室上，各种运动方法和体操动作，老师都做成动画，既有趣又生动。我现在对体育课特别感兴趣。

B：我的收获是亲身体会到一个道理：成功就在于再坚持

一下的努力中。以前我特别害怕跑长跑。一到耐力课或者800米考试，提前好几天我的心里就开始“敲鼓”。现在的体育课上的耐力练习，让我出了一身大汗，还觉得一点也不枯燥。老师告诉我们，只要比自己原来的成绩有进步就是实现了自身超越。现在我即使在学习的时候也有意识地为自己制定目标，力争达到。

C：老师在体育课“健康快车”上，给我们讲了慢跑有助于提高记忆力的道理，现在我们班的许多同学都养成了下了第三节课(下午)，出去跑两圈的习惯。一方面调节一下紧张的神经，提高记忆力；另一方面也可以和同学交流一下。

D：我觉得最大的帮助是在心理上。以前我脾气急躁，动不动就发火，在学校或者家里遇上不愉快的事就自己生闷气。这种情绪常常影响我很长时间的学习状态。听了“情绪与健康”的报告后，我觉得在内心触动很大。良好的情绪是学习的重要保证，也是成熟的标志。我在房间里贴了“止怒”两个大字，觉得自己在调节情绪方面进步很大。

E：我认为形体课对我帮助很大。以前的青少年体育俱乐部活动，大多是自由活动，很多女生玩到一半就回去上自习了。现在俱乐部的形体和健美操课是我们最爱上的。在课上我最大的体会是“美”。不仅身心放松，而且增加了自信。回到家，我妈都说我直溜多了。

F：我认为，我的收获在于学到了很多简单、实用的体育知识。比如跑步时有效心率是多少，锻炼多长时间才有效，体育锻炼的时候遇到紧急情况怎么办等。现在我们班同学跑步都知道自己摸脉搏来判断运动强度。

G：我的作文《我的体育情怀》在校报上发表了。这是我有生以来第一次看到自己的作文变成铅字，激动地我整整一天都兴奋不已。看来努力就能成功。这件事让我更爱体育，更爱作文了。

研究者与实验班的语文教师合作，在实验学校间开展了一次“体育与健康”作文竞赛，并征得校方支持，在学校的校报和墙报上将学生的优秀作文予以发表。实验结束后，与实验班班主任一起在各班作了自我总结式主题班会。以下是部分学生对自己学习效果进行的总结和评价：

A：以前，我一到考试就紧张得手足无措，但是从来没有意识到这是心理不健康的表现。自从听了老师有关如何减轻学习焦虑的报告后，感到收获很大。我清楚地记得老师的一句话：胜人者有力，自胜者强。它使我认识到每个人的命运都是由自己把握的。健康、积极、乐观的心态是成功的保证和动力的源泉。我相信自己能成功，改变命运只能靠战胜自己。

B：以前我从未认识到体育课这么重要，也不知道“体育是科学”，更不知道体育锻炼也要“开处方”。这学期的体育课让我收获很大。我现在参加体育活动之前，基本都给自己订计划，还把课上学到的“体脑健康操”教给了我的父母。明年高考我准备报考北京体育大学。

C：高中的学习实在是压力太大。这学期的体育课让我有眼前一亮的感觉。我不仅在体育课上学到很多有趣的游戏和体育知识，而且我在体育俱乐部中还学会了使用联合器械进行练习。现在我和同学经常一起去练习。

D：我最大的感受是认识到体育课的重要性。以前也知道体育很重要，但是一到学习忙的时候就忘到脑后了。通过这个阶段的学习，我感到体育不仅是一门课程，也是我们生活的一种方式。在俱乐部的练习中，我发现我还是很有体育天分的。我曾尝试用课上学到的知识和方法，审视自己，解剖自己，纠正自己。渐渐地我发现，我比以往更了解自己，理解他人了，我感到我能更好地驾驭自己的情绪、情感，也更成熟了。

E：我的学习体会是养成了好的习惯。课堂上老师用幻灯片形象地给我们讲解养成好习惯的重要性。的确，坐要端正，站要挺直，每天要洗脸漱口，做事要有头有尾，这些都是一个人的起码习惯。有了这些习惯，身体和精神就能保持起码的健康，但这些习惯不是短时间内就形成的，要逐渐养成。在没有养成的时候，多少需要一些强制措施，自己要随时警觉，直到“习惯成自然”，就成为终身受用的习惯。体育运动是一种好习惯，在运动中我不仅感受到身体的放松，还感受到心灵的喜悦。在一次次成功的获得中，我深深感到：成功是一种习惯。

2. 回访追踪调查结果

在干预教育结束3个月后，研究者对实验组学生进行了回测及追踪调查，以了解干预教育的延续效应以及学生体育运动、心理健康的保持情况。以此分析体育与健康教育的中期效果。

由于实验班都已进入毕业阶段，考试压力加大，应学校和学生的邀请，研究者又为全校毕业班学生做了《人生转弯的地方——考试焦虑的原因与调节》的有关降低考试焦虑，坚定必胜信心的报告。在与学生的接触中，学生们都积极配合研究者，并纷纷谈到自己进一步的体会。同时，研究者又观摩了实验学校的体育课和青少年体育俱乐部的活动情况。在运动现场，进一步了解学生的身心发展情况。以下是学生们谈到的干预教育对自己的帮助。

A：我们今年面临中考，要测身体素质。我们班的同学都特别感谢您上学期教给我们的素质练习方法。现在我们班同学都已经组织起来，制订锻炼计划，争取明年能考得更好。隔壁班同学都纷纷向我们请教练习方法，我都成小教练了。

B：上学期，我考得不好，曾经想过离家出走，后来一想这是心理不健康的表现，战胜自我，克服困难才是解决问题的方法。经过思想斗争，我想了想还是好好学习吧。

C：以前我很少和父母谈心，还常常和他们闹别扭。通过把课上学到的健身方法教给他们，和他们一起练习后，我发现他们特别高兴，说我懂事多了。我想这也是我对家庭的适应吧。

D：高三学习压力大，有时候真的感到心里很累。试着用您在课上讲的方法试了试，还挺有效的。我们班主任也对体育活动改变了看法，每天下午都让我们下楼活动活动。

E：上学期的体育课紧紧地抓住了我的心，生动、活泼的课堂气氛，让我感到轻松而快乐。喜欢这样的课，不仅是因为上课方式灵活丰富又不失知识性，在体育活动中学到许多实用的健身方法，而且还学到许多调节情绪、树立自信的心理方法。这些知识和方法能灵活地用于生活中。很多时候，我发现自己在不知不觉地运用学到的知识和技术，也在不知不觉中有了许多理性的认识和控制。除了知识本身的获得，我发觉自己在怎样做人、怎样做事方面的收获更多。

(二)教师对学生的评价

1. 干预后调查

(1)班主任。

班主任与学生朝夕相处，即是学生的领导者，又是最了解学生的老师。本研究中实验组在升入初三、高三后，并未更换班主任。因此，通过班主任访谈也可以间接了解到体育与健康教育的效果。干预教育结束后，研究者对实验组班主任进行了重点访谈，请他们谈谈学生在这一学期中的变化。结果表明，班主任对学生的正向评价较多。

①我们都知道体育很重要，但是说实在话，体育教学在学校并没有得到应有的重视。我曾多次听了你们的体育课，也和学生们一起参加了俱乐部的活动。最深刻的感受是体育活动对于启迪现代中学生的心灵，调动学生积极性，确实有许多其他学科无法比拟的地方。比如，课上老师的言传身教，很快就可以和学生的实践体验相结合。以前我也赞成学生参加体育锻炼，主要是从体脑结合有利于学习的方面考虑的，现在我认为体育课和体育活动确实对提高学生的心理健康水平有重要作用。

②这学期我也感到学生们的合作意识和组织能力有了很大的提高。上次在班会上表演的有关体育与减肥的英语小话剧，我们班同学下午放学后自发组织排练了多次，互相纠正发音、动作、表情，足以见学生们很认真也很重视。由此我也受到很大启发，以后我们还要准备多搞些像这样寓教于乐，又能调动学生自主性的活动形式。

③初二学生处在生理和心理波动较大的不稳定阶段，学生中人际关系问题、青春期问题、情绪不良问题等层出不穷，表现为逆反、急躁、自大、自卑、做事虎头蛇尾或者不计后果等。我们班通过开展几次以体育和心理健康为主题的班会，学生们各抒己见，讨论得非常热烈。这样使同学们分清了是非曲直，在班里形成了良好的风气。我认为这样的活动应该多组织。

④由于家庭、社会和当前教育体制等多方面原因，现在学生的心理健康出现问题的人数和类型的确比以前的学生多，这也是现在班主任工作难度不断增加的重要因素。我们非常希望能有更多学科的教师参与到改善学生心理健康状况的教育和研究中来，以促进学生健康成长。

(2)实验班体育教师。

①(W)这几个月的实验教学让我感触很深。最大的收获是“亲其师，信其道”。爱像春雨，能无声地滋润万物。哪怕是一声亲切的问候，一句安慰的话语，只要老师对学生付出真情，真正地关心他们，走进他们的内心世界，知他们所知，想他们所想，他们就会对老师付出真心，并把这种真心付之于行动，在课堂内外按照老师的要求和希望去做。因为，老师对学生的爱往往能使学生感受到极大的温暖和关怀，使他们感受到重视和鼓舞，进而有益于激发学生的自信心、求知欲。这种教育的力量，往往比教师单单传授知识更重要，更有影响力，学生更容易接受。体育教育有它天然的亲和力，师生能够近距离接触，有利于产生友情。在学生们的欢声笑语中，我心中有一种说不出的激动和满足，也更深切地体会到“亲其师，信其道”的道理。

②(L)是的，在教学过程中我也有同感。中学生已有自己独立的见解和主张，有了一种表现自己、希望取得理解和信任的强烈愿望，但他们的心理承受能力还比较脆弱，在追求和欲望得不到满足时，会表现出孤独、烦恼、急躁等情绪，甚至会产生过激行为。在这种情况下，他们最需要安慰、关心、帮助，绝对不能再给他们施加压力，进一步加重他们的放任和抵触心理。如何去关心、帮助学生，最有效的方法是在教师和学

生之间搭起一座心灵的桥梁。我们要用自己的言行去影响他们，取得信任。用亲切的言语和信任的目光，创造和谐、友善的教育氛围，了解学生的个性和内心，因人施教，用我们的真情换取学生的真心，这样才能走进学生的内心世界。

③(L)这个学期的实验课使我收获非常大，不但在业务上提高很大，更重要的是教育思想和认识的改变。同头备课，在相互交流中提高了课前对教学方法、手段、教学突发事件的预先准备，在上课的时候就能够驾轻就熟；相互观摩，又进一步在相互纠正和探讨中提高了教学水平，特别是教学过程中和教学活动结束后的评价思路和方法，更使我对体育与健康课程标准有了新的认识。我由最初受到观摩时的紧张、拘谨到后来在全市中学优质课评比中取得优异成绩，自己都能体会到明显的进步，这些都要归功于实验教学的实践和锻炼。

④(W)今年实验教育组安排我们去河北医科大学听了《青少年心理与健康促进》和河北师范大学的几次讲座，我感到收获很大。自从上实验课以来，我养成了写教学日记的习惯，以便于每次教学后集中讨论时使用。现在发现，这是一种重要的教学总结方式，我已经把这学期的经验总结写成论文投稿到《河北体育学院学报》。

(3)一般体育教师。

①看了几次你们上的课，感触很深。我深切认识到，我们这个年龄的老本科生该进修了，否则就会被改革所淘汰。

②我所经历的中学课程改革也有几次了，可是每一次都是虎头蛇尾。究其原因是因为没有把基层体育教师的积极性调动起来。老师的参与是课改成功的关键。教育主管部门和学校要建立教师定期进修机制，把上级教改的精神传达到基层老师，

并且采取一定的督导措施才能使改革顺利进行。

③我们也希望搞科研，但是一方面没有人指导，自身的科研能力也不高，自己就不努力了；另一方面，由于经费紧张，体育教师很少有机会参加学术活动。为此，我们希望体育教研部门能多组织一些广大教师都能参加的学术活动。

(4)合作学科教师

①(生物教师)这次合作非常成功。学生们把体育课上的问题带到了生物课堂上来，加深了学习印象，提高了学习效果。我认为相关学科间的交流教学是现代教育中一种很好的方式。

②(美术教师)我们漫画社的同学们正在准备《体育与健康》的漫画展览，这是由你们(实验)年级的同学发起和组织的。从学生们的作品中，我感受到他们对体育的热爱和激情，也看到了你们组织的体育活动内容丰富多彩。

③(语文教师)这次的《我与体育》校际作文竞赛收到了良好的效果。以往学生的作文干巴巴的全是套话，没想到谈到体育却津津乐道，看来良好的体验和经历是学生写作的最好素材。

④(外语教师)作为外语老师，我从没想到过会和体育教学有关系。这次你们组织的英汉对照小品表演对我有很大的启发。我发现学生们都在课下相互纠正发音，表演得声情并茂。看来兴趣是最好的老师，调动学生学习的积极性，首先要从兴趣入手。以后这样的活动我们也要办。

(5)学校主管领导

①这次在我们学校开展的体育与健康的教学实验，组织得非常好，在全校师生中产生了很好的影响。不但提高了学生们参加体育活动的积极性，丰富了学校课余文化生活，还提高了我们学校体育教师的业务和能力，在石家庄和河北省的优质课

评比中取得了优异的成绩，为学校争得了荣誉。同时，也给其他学科的教学改革带了个好头。

②鉴于这次实验教学在学校产生了良好的效果，我们学校已经决定由实验教师牵头进一步开展全校性的体育课程改革和实验，争取把体育课作为精品课推向全市。现在已经着手就该项研究申报局管课题。

2. 回访追踪调查

在干预结束三个月后，对实验干预组和对照组的班主任进行了追踪调查，请他们对全班学生的整体情况进行评价。结果表明，试验组的整体情况好于对照组(见表 4-1-2-1)。

表 4-1-2-1　实验班与对照班班主任对全班的整体评价

内容	等级	实验组	对照组	内容	等级	实验组	对照组
班风	有进步	5	2	体育锻炼	有进步	8	1
	没有变化	3	5		没有变化	0	4
	退步	0	1		退步	0	3
	合计	8	8		合计	8	8
总体心理健康状况	有进步	6	2	社会适应能力	有进步	5	1
	没有变化	2	5		没有变化	3	6
	退步	0	1		退步	0	1
	合计	8	8		合计	8	8

(三)家长对学生的评价

家庭是学生成长的重要环境，家长是学生的第一任教师，因此家长是影响中小学课程改革的一个重要因素。在课程改革中，家长不仅具有知情权，而且具有参与权。为实现家庭、学校对中学生心理健康的合力教育，本次研究在学期伊始的家长会上，由研究者做了《关心孩子身心健康，携手营造美好未来——中学生的心理健康问题及教育对策》的报告，并就中学生的心理健康问题与家长进行面对面的交流，取得了广大家长的支持。在研究结束时，就干预教育对学生产生的影响及今后对中学生的教育问题与家长进行了座谈。座谈中，家长们都非常关心这次有关心理健康的干预教育，也对这次活动寄予了殷切的希望。这也说明，学校教育工作者应该为家长提供较为完整的有关体育与学生身心健康关系的说明材料，并与他们一起讨论干预教育中出现的问题和教育方法。以下是部分家长的访谈结果。

1. 干预后调查

对于学校的教学改革，家长应该有知情权。我们都非常希望了解孩子在学校学了什么知识？是怎样学的？学的程度怎么样等。

我觉得体育教学中教给学生安全保健知识非常好，很重要。这对提高他们的自我保护意识，防止出现意外事故是很好的预防措施。

我的孩子这学期变化很大。以前很少和我们说话。现在经常主动和我们交流，“非典”的时候，还在家教给我们跳健身操。

现在的孩子很少有吃苦的机会，意志品质和自我控制能力普遍较差。体育课和体育活动是他们学生生涯中很重要的组成部分，我们非常支持学校的教育活动，也很愿意配合学校工作。

上次听了讲座，我回到家也反思了和孩子的关系问题。现在我比较注意尊重孩子的意愿和选择，常常以探讨和商量的口气和他交流，我也感到他已经不那么逆反了。

2. 回访追踪调查

在干预结束三个月后，对部分实验干预组和对照组的学生家长进行了追踪调查，请他们对学生的身心发展情况进行评价。结果表明，实验组的整体情况好于对照组(见表 4-1-3-1)。

表 4-1-3-1　学生身体素质、心理健康发展表(家长用)

内容	等级	实验组		对照组		内容	等级	实验组		对照组	
		N	%	N	%			N	%	N	%
总体心理健康状况	有进步	104	70.75	63	46.67	总体身体健康状况	有进步	121	82.31	82	60.74
	没有变化	26	17.69	49	36.30		没有变化	17	11.56	38	28.15
	退步	17	11.56	23	17.04		退步	9	6.12	15	11.11
	合计	147	100	135	100		合计	147	100	135	100
意志品质	有进步	112	76.19	57	42.22	社会适应能力	有进步	96	65.31	54	40.00
	没有变化	23	15.65	61	45.19		没有变化	47	31.97	52	38.52
	退步	12	8.16	17	12.59		退步	4	2.72	29	21.48
	合计	147	100	135	100		合计	147	100	135	100
情绪	有进步	89	60.54	47	34.81	体育锻炼习惯	有进步	101	68.71	51	37.78
	没有变化	37	25.17	52	38.52		没有变化	24	16.33	43	31.85
	退步	21	14.29	36	26.67		退步	22	14.97	41	30.37
	合计	147	100	135	100		合计	147	100	135	100
自信	有进步	97	65.99	49	36.30	自尊	有进步	93	63.27	37	27.41
	没有变化	31	21.09	62	45.93		没有变化	33	22.45	69	51.11
	退步	19	12.93	24	17.78		退步	21	14.29	29	21.48
	合计	147	100	135	100		合计	147	100	135	100

以上对教师、学生和家长的访谈和调查结果表明，干预教

育提高了学生对体育与健康关系的认识，改善了学生在自尊、自信、意志、情绪及整体心理健康状况，对促进学生身心健康成长起到了良好的作用和效果。

二、干预教育的有效性及回测分析

中学生正值青春期，他们经历着身心各方面的急剧变化。在神经内分泌的调节下，青春发育期的青少年生长速度明显加快，形态、机能、运动能力等均发生急剧变化，同时，青少年的心理变化也极其迅速。这些变化表现在情绪、态度、行为、人际关系、自我评价、价值观和社会责任感等各个方面。根据1995年全国体质与健康调查显示，我国青少年的身体发育目前仍处于生长发育加速阶段，而青春期心理、社会适应能力有相对推迟的现象，往往易形成复杂的青少年心理问题。当代学生中表现出来的心理问题已经引起了整个社会的关注。

国内外学校工作实践证明，心理健康教育不仅仅是一种重要的教育方法和技术，更重要的是它体现了一种先进、科学的教育理念，心理健康教育的普及有助于教育观念的更新和方法的改善。所以，加强心理健康教育，已经成为全球性的教育共识，世界各国也都把心理健康教育作为现代学校的重要标志之一。1999年《中共中央国务院关于深化教育改革全面推进素质教育的决定》中明确指出："针对新形势下青少年成长的特点，加强学生的心理健康教育，培养学生坚忍不拔的意志，艰苦奋斗的精神，增强青少年适应社会生活的能力。"以"健康第一"作为首要任务的体育与健康教育，以其特有的教育形式，借助体育运动的魅力和强大亲和力，能够更自然而有效的与学生心理教育融合，促进学生身心的全面发展。

(一)干预教育对中学生体质的积极作用

对一项健康教育项目的分析和评价是推广应用的基础，一般包括形成评价、过程评价、效应评价和结局评价四个阶段的评价。[①] 其中效应评价为近期和中期效果评价，而结果评价为远期效果评价。体育与健康教育的目的是通过教育提高学生的身体素质和心理健康水平，其最终目的是促进青少年的健康。许多文献报道，如果体育教育(或锻炼课程)进行 8～10 周，它的短期效果体现在身体素质增强和情绪、自信、心境、生活满意感提高等方面。此外，Brown、Gilchrist，Schinke & Maxell、周凯等人报道，3 个月的健康教育，其短期效果体现在健康知识和态度方面的变化，如果干预时间为 5 个月或更长时间，其中期效果表现为心理健康水平和社会适应能力提高，师生关系良好，学业进步，以及学生有正向的健康行为倾向等方面。健康干预的远期效果在干预结束后 1～3 年的时间后才会得以体现，即学生在健康行为和社会行为方面的明显变化。

本研究采用自行设计的评价问卷，在一定程度上反映了学生体育与健康知信行的水平，也为设计和编制健康评价量表提供科学依据。

同时，定量与定性相结合的研究方法，综合评价了体育与健康教育对实验组学生在心理健康和体育知识、信念、行为方面的干预效果。

研究表明，干预教育后，不同年级实验组和对照组学生的自尊、自信、情绪(TMD)、意志品质、社会适应能力都有一

---

① 吕姿之：《健康教育与健康促进》，100～114 页，北京，北京医科大学出版社，2002(3)。

定提高。实验组学生在以上各项的总分变化值分别为：6.76、14.60、—5.07、8.80、8.65；心理健康中度及以上问题的人数下降了0.74%；对照组学生各项得分的变化值分别为0.78、0.05、—0.03、0.21和0.35，心理健康中度及以上问题的人数上升了0.93%。总体来讲，实验组学生心理健康的改善明显优于对照组学生。从干预后学生的自我综合评价和学生访谈反馈的信息可知，实验组在与同学关系、关爱集体、缓解压力、控制不良情绪、独立解决问题和做出正确的决定等方面的进步也明显好于对照组。这说明体育与健康教育在提高学生心理健康状况方面是有效的。

同时，学生KAP调查和学生身体素质综合测评的结果显示，实验组也较对照组有显著提高。干预教育后，实验组学生的体育与健康知识、信念、行为的综合得分大幅度提高，KAP总分由干预前的49.26上升为89.77。身体素质综合测试结果表明，实验组学生优秀率提高了8.70%，不及格率下降了8.85%。同期对照组学生的KAP总分也由较前测有所上升，但增幅不及实验组；身体素质综合测试结果优秀率提高了1.05%，不及格率下降了1.75%。同时，研究显示，干预教育后实验组学生锻炼的积极参与感和精神振作感都较对照组显著提高，特别是实验组女生的积极参与感和精神振作感上升幅度较同组、同年级男生幅度大。这说明干预教育很好地调动了女生参与体育活动的积极性，对女同学健康行为、健康观念和身心发展起到很好的效果。

定性分析结果同样支持上述研究结果。从学生、班主任、家长的分组座谈和重点人群访谈中，以及干预后和回测时学生的自我报告中，都表明体育与健康教育不仅对学生掌握体育与健康的知识，树立健康信念，养成锻炼习惯起到了良好的引导和教育作用，而且对学生整体心理健康状况的改善，特别是树立自信、改善情绪、坚定意志、增强社会适应能力方面起到很好的效果。

(二)干预教育回测结果分析

干预结束3个月后，对实验组和对照组学生进行了回测、回访。回测时，实验组和对照组学生的心理健康各个维度均出现不同程度的回落。分析认为原因可能有三：

第一，由于两个受干预的年级在回测时均进入毕业冲刺阶段，升学的压力和学习任务的繁重，在很大程度上影响了学生的整体心理状态。在回测的访谈中，研究者能够深切地感受到学生和班主任的压力。应学校和毕业年级的邀请，研究者为高中毕业班的学生做了《人生转弯的地方——考试焦虑的原因与调节》的报告，受到学生和老师的一致欢迎。研究者真切地感受到中学教育对心理健康的迫切需要，也又一次认识到应试教育的强大力量。教育是一个密不可分的整体。在这个互动的链条上，“应试”处于锁链的顶点，它具有“牵一发而动全身”的强大力量。结合有关“学生心理压力”的调查可知，“应试”因素对学生产生心理行为问题有很大的源动作用。因此，仅对一门学科或部分学校开展教育改革，仅能取得阶段的、局部的、暂时的教育效果，当它与“应试”发生冲突时，必然退居其次，特别是体育教育在学校仍然没有改变是“软学科”的学科地位。面对升学压力，学生选择后者也是自然而然的事情。

第二，学生心理变化的复杂性和波动性，是回测结果反弹的又一重要因素。不同的生活阶段、变化的学习环境以及生活中的一些突发事件等都会对学生的心理健康产生影响。受试年级由非毕业班进入毕业班这一环境的改变，老师、家长的关注和提醒，同学间紧张的学习气氛都会对学生的心理产生影响。

第三，青春期学生特有的心理、生理特征，也是造成回测数据反复的又一重要原因。这也说明，干预教育开展的必要性和长期性。学生良好行为习惯及心理品质教育应更早入手，常抓不懈，系统深入。

但回测数据仍然显示，实验组学生的心理健康状况和体育健康知识、信念和行为仍好于对照组，特别是在访谈中了解到，实验组中许多学生都能结伴锻炼，并主动运用所学知识调节心理状态，制定奋斗目标，也说明了干预教育的持续性和有效性。

(三)体育教育、健康教育、心理健康教育的关系

教育与健康有着密切的联系。教育是健康的先决条件。学校不仅是传播文化知识的地方，也是促进青少年身心健康最有潜力和最具教育资源的场所。体育教育是我国教育体系中实施素质教育，培养全面发展的人才所不可缺少的重要教育内容。健康教育是一种有明确目标的教育活动，强调改变人们的行为，以提高生活质量为目标，重点研究知识传播和行为改变(养成)的规律、方法、理论与实践。学校心理健康教育，是指教育者根据学生生理、心理发展的特点，运用心理学等多种学科的理论与技术，对学生进行心理健康知识与技能的教育及训练辅导，培养学生良好的心理素质，促进学生身心全面和谐发展和整体素质提高的教育活动。

人类疾病流行谱的改变和生物一心理一社会医学模式的建立，使人们逐渐认识到健康不仅仅是没有疾病和不虚弱，而且还要在身体、心理和社会发展等方面都保持完美的状态。人类比以往任何时候都更加关注自己的健康状况和生活质量。社

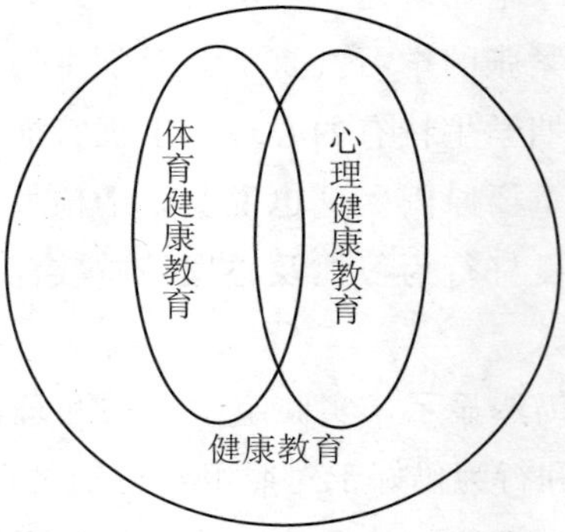

图 4-2-3-1　体育教育与健康教育、心理健康教育的关系

会、医学、文化、教育、科技相符相融的综合研究背景促进了健康与教育的融合。

国民的健康对国家的发展、社会的进步和个人的幸福都至关重要，体育教育对增进国民健康的重要作用日益受到世界各国的重视。“健康第一”的现代体育教育观促成了体育教育与健康教育的融合。

体育与健康教育是建立在全新教育理念基础上的、对原有体育课程进行深化改革并突出健康目标的综合教育。它以促进学生身体、心理和社会适应能力等整体健康水平的提高为目标，构建了技能、认知、情感、行为等领域并行推进的课程结构，融合了体育、心理、社会、生理、卫生保健环境、安全、营养等诸多学科领域的有关知识，关注学生的健康意识、锻炼习惯和卫生习惯的养成，将增进学生健康贯穿于课程实施的全过程，确保“健康第一”思想落到实处，使学生健康成长。

《体育与健康课程标准》指出，学生通过接受体育教育，“将在和谐、平等、友爱的运动环境中感受到集体的温暖和情感的愉悦；在经历挫折和克服困难的过程中，提高抗挫折能力和情绪调节能力，培养坚强的意志品质；在不断体验进步或成功的过程中，增强自尊心和自信心，培养创新精神和创新能力，形成积极向上、乐观开朗的生活态度”。

综合以上观点，本研究认为，体育教育、心理健康教育和健康教育三者间有着密切的联系，它们相互交织、渗透，共同服务于促进学生全面发展的教育目标。体育教育是大健康教育的重要组成部分，心理健康教育是体育教育与健康教育融合的切入点。体育教育特有的组织形式、教学方式，有利于提高学生的心理健康水平和社会适应能力。体育教育是对学生的身体、心理、社会健康具有综合影响力的教育。我国新一轮体育课程改革把提高体育教育的心理健康教育水平作为改革的重点和难点。

三、教师素质和体育与健康课程改革

近年来世界教育发展的显著特征是以提高教师素质作为提升教育质量的突破口，全面推行素质教育。教师作为课程实施中最为重要的人力资源，其知识能力水平的高低及综合素质结构的优劣直接关系到教育的成败。

表 4-3-1-1　传统体育课程环境与新课程环境的区别

表现方向	传统的课程环境	新的课程环境
教师与学生的位置	教师中心	学生中心
学生发展的关注范围	单方向发展	多方面发展
学生的学习方式	独立学习	合作学习
学生的学习状态	接受学习	探究式学习(体验与分享)

续表

表现方向	传统的课程环境	新的课程环境
学生的学习反应	被动反应	有计划、主动的行动
学习活动的内容	一般运动技能的学习	与健康相关的综合知识、技能的学习、掌握，具有批判接受和选择、决策权利
教学的背景	孤立的校内单科教育背景	校内多学科综合教育与仿真的、现实生活中的背景
教学媒体	单一媒体（教师讲解）	多媒体
信息传递	单向传递	（双向）多向交换

当前我国基础教育课程改革要实现课程功能的转变，从单纯注重传授知识转变为引导学生学会学习，学会合作，学会生存，学会做人，关注学生“全人”的发展。《体育与健康》课程，要求以促进学生身体、心理和社会适应能力整体健康水平的提高为目标，构建技能、认知、情感、行为等领域并行推进的课程结构。由表 4-3-1-1 可见，新课程突出均衡性、综合性和选择性，重视体育课程对学生身心发展的独特价值，淡化学科界限，强调学科间的联系和综合。这些要求无疑对教师提出了更高的知识、能力和综合素质要求。

从上述体育课程变革的背景和目标来看，体育与健康课程与原有体育课程相比，有了巨大调整，而且反映出教育思想的革命性变化：即通过课程改革促进教师的教育方式和学生学习方式发生根本性转变，使学校教学工作真正走上素质教育的轨道。这些又对体育教师的教育观念、知识能力结构、教学方法等产生巨大的影响和冲击。

体育与健康课程标准的目标突出强调学生的全面发展，其中身体和心理是最重要的两个发展方向。将心理健康和社会适应作为新课程的学习目标和内容，无疑是对体育教师观念、知识、能力的考验。这表明课程改革对教师素质的要求有一个重要的变化，要求教师要从“经师”变为“人师”，不再仅仅“讲经说道”、传授运动技能，而要做到以育人为主，以健康为主。

(一)河北省部分中学体育教师及体育应届毕业生调查与分析

为了解实验地中学教师体育与健康知识、信念、行为情况，及其对新课程改革、学生心理健康的认知水平，对129名中学体育教师和128名体育院系应届本科毕业生进行调查。教师中高级教师18人，中教一级34人，中教二级76人；年龄20到59岁；教龄：1到40年(10年以上48人)。

从表4-3-1-2教师知识、信念、行为分段得分情况来看，被调查的教师中，“知识”及格率为40.86%；“信念”及格率为85.99%；“行为”及格率为77.43%；KAP总分及格率为64.59%。

表4-3-1-2 教师体育与健康KAP问卷分段得分表

分数段	知识		信念		行为		KAP	
	人数	%	人数	%	人数	%	人数	%
≤59	152	59.14	36	14.01	58	22.57	91	35.41
60-69	81	31.52	120	46.69	51	19.84	122	47.47
70-79	16	6.23	82	31.91	72	28.02	34	13.23
80-89	8	3.11	17	6.61	55	21.40	10	3.89
≥90	0	0.00	2	0.78	21	8.17	0	0.00

由表4-3-1-3可见，应届毕业生的知识得分（$P<0.001$）和KAP总分（$P<0.05$）较在职体育教师得分高，两者信念得分组间差异不显著。男教师在行为（$P<0.001$）和KAP总分（$P<0.001$）两项得分较女教师明显多，知识和行为的均值也较女教师得分高，但组间差异不显著。

表4-3-1-3　毕业生与教师KAP问卷得分比较

	男		女		合并计算		合并计算	
内容	毕业生	教师	毕业生	教师	毕业生	教师	男	女
	M±SD	M±SD	M±SD	M±SD	M±SD	M±SD	M±SD	M±SD
知识	56.80±12.77	51.85±15.24	56.67±14.21	44.62±12.82	56.73±13.49***	48.47±14.53	54.81±13.96	52.46±14.84
信念	67.41±7.55	70.83±11.14	66.93±8.71	65.56±8.88	67.16±8.15	68.36±10.43	68.78±9.27	66.45±8.75
行为	71.49±14.50	72.76±19.20	65.67±15.62	62.35±19.34	68.45±15.32	67.89±19.84	72.00±16.47***	64.51±16.99
KAP	63.96±6.79	63.35±11.63	62.32±8.46	56.01±8.77	63.10±7.73**	59.92±10.96	63.71±9.00***	60.12±9.05

（注：**$P<0.01$；***$P<0.001$。）

以上关于体育教师知识、信念、行为的调查结果表明，无论是体育教师还是应届体育院系毕业生对体育与健康知识的掌握情况都不尽如人意。这既暴露出我国体育教师职后培训的不足，也显示出我国当前高等体育教育与基础教育改革的不适应。

新的体育与健康课程融合了体育、生理、心理、卫生保健、环境、社会、安全、营养等诸多学科领域的有关知识，要求以促进学生身体、心理和社会适应能力整体健康水平的提高为目标，构建了技能、认知、情感、行为等领域并行推进的课程结构。可以说这是一个相当高的要求，是对教师的知识结构、教育能力、事业心、责任感的考验。试想一下，如果当前的教师和未来的师资本身都不具备一定的健康知识，没有养成健康的体育习惯，那么他们又怎能真正关注学生的健康意识、锻炼习惯和卫生习惯的养成呢？确保“健康第一”思想落到实处，首先要对教师进行大面积的教育和培训。

(二)完善教师的知识结构是实施课程改革的素质保证

教育课程改革能否成功，改革目标能否实现关键在教师。就教师而言，要适应新课程教学，就必须通过继续教育对新课程充分理解、诚心接受、热情投入、有效实施，并根据新课程要求不断提高自身综合素质。

我国学者林崇德、申继亮等人的研究表明，一位能胜任教育教学的教师主要具备四方面的知识：第一类：学科类知识，主要是关于课程内容方面的知识，即本体性知识。第二类：条件性知识，是指教育教学中所运用的教育学与心理学的知识，是教师成功进行教育教学所必备的知识，是关于教与学以及学生发展等方面的知识。第三类：实践性知识，教师在开展有目的的教学活动过程中解决具体问题的知识，这种知识是教师教育教学经验的积累和提炼；第四类：一般文化知识，指教师需要具备除专业知识以外的广博的文化知识。

从教师体育与健康知识、信念、行为的状况来看，不论是中学教师还是应届毕业生，对条件性知识与实践性知识的掌握都不能令人满意。然而条件性知识和实践性知识是教师专业知识中不可缺少的部分，是教师职业独特性的体现。教师职业的独特性突出表现在具有其他受过同等学历训练的人所不具备的丰富的条件性知识和实践性知识上。教育学、心理学的条件性知识有助于教师认识教育活动的规律性，也有助于教师采取行之有效的策略对教育教学进行灵活而有效的调控，从而顺利实现教学目标。从体育教学的特点、动作技能形成规律以及学生身心发展的规律来看，体育教师在教学过程中要把学科知识以学生易理解的方式讲解出来，加以演示，并要使学生入心明理，把知识转变为行动。这就要求教师懂得现代教育规律与全套教育教学技能，具备丰富的教育学、心理学的条件性知识和实践性知识。教师的培养与培训应切实加强教师这两类知识的掌握与实际运用，进一步完善未来教师与在职教师的知识结构。

(三)教师教育观念的更新是课程改革成功的必要条件

新课程要求体育教师应该是学生学习的促进者。教师不能仅是向学生传播健康知识、运动技能，而是要引导学生了解体育运动的真谛，体会体育运动对其身心健康的良好作用，并且帮助学生形成健康的心理品质，引导学生学会自我调适、自我选择。教师教育观念的更新突出体现在两方面，即角色重新定位和教学行为的创造性、自主性。

1. 教师角色的重新定位，使教师成为课程的建设者和开发者

新课程倡导民主、开放、科学的课程理念，同时确立了国家课程、地方课程、校本课程三级课程管理政策，这就要求课程与教学相互整合，教师必须在课程改革中发挥主体性作用。课程研究者认为，我国基础教育的课程改革，要求在实施课程的时候，超越“忠实取向”，倡导走向“相互适应取向”和“创生取向”。这对教师来说既是挑战，又是机遇。这种具有权利分享、民主决策特色的课程在哲学认识论上体现出对人的交互主体性地位的确认，给予了教师更大的灵活性和创造空间。教学过程是教师和学生共同对教学内容的解读过程，是师生互动的过程，是彼此倾听和分享各自认识成果的过程。由此要求教师应具有收集教育教学实践信息资源的能力，能对信息加以处理、整合，去粗取精，去伪存真，从而不断创生出新课程内容。角色的变化要求教师通过学习交流、案例研讨、行动研究等方法努力提升课程素养，培养课程意识，增长课程知识，提高课程能力。这就要求教师实现五方面的教育观念的转变。

第一，教师要形成强烈的课程意识和参与意识，改变以往学科本位论、消极被动执行教材的做法。

第二，教师要了解和掌握各个层次的课程知识，包括国家层次、地方层次、学校层次、课堂层次和学生层次，以及这些层次之间的关系。

第三，教师要提高和增强课程建设能力，使国家课程和地方课程在学校和课堂实施中不断增值、丰富、完善。

第四，教师要锻炼并形成课程开发的能力，新课程越来越需要教师具有开发本土化、乡土化、校本化课程的能力。

第五，教师要培养课程评价的能力，学会对各种教材进行评鉴，对课程实施的状况进行分析，对学生学习的过程和结果进行评定。

2. 教学行为的自主性与创造性，使教师成为教育教学的实践者和研究者

随着课程内容的综合性、弹性化，《体育与健康标准》和教材给教师留出较大的创新空间。教师对课程的态度不仅满足于“拿来”，而且还应伴随课程改革的开展，进行理性的思考和科学的研究。教师可以对教材选择提出自己的意见，并根据自身的特点及学生的实际情况来处理教材，也可以质疑教材、重新加工教材、创新教材，以创生课程资源。只有通过教师对课程的解读、整合、重组，在教学互动中对师生随机产生的新信息进行加工、提炼，才能完成对课程的补充、改进和提高。教师既是课程的实施者，又是课程的研究者。教师即研究者意味着，教师在教学过程中要以研究者的心态置身于教学情境之中，以研究者的眼光审视和分析教学理论与教学实践中的各种问题，对自身的行为进行反思，对出现的问题进行探究，对积累的经验进行总结，使其形成规律性的认识。这实际上也就是国外多年来所一直倡导的“行动研究”，它是为行动而进行的研究以解决教学中的问题；是行动中的研究，进行于教学活动之中；是对行动的研究，研究的对象和内容就是行动本身。可以说，“行动研究”把教学与研究有机地融为一体，它是教师由“教书匠”转变为“教育家”的前提条件，是教师持续进步的基础，是提高教学水平的关键，是创造性实施新课程的保证。新课程把“行动研究”当成推进课程评价改革的有效方式，这又给了教师研究的平台，使教师能够在创造与自主中体现价值和地位。使教师的教学行为更具个性化，教师职业赋有更大的灵性和魅力。

四、体育与健康教育模式——知信行融合统一的发展性体育教育模式

教育模式一词最初是由美国学者乔伊斯和韦尔等人提出。在其出版的《教育模式》一书中指出，教育模式是“试图系统地

探讨教育目的、教育策略、课程设计和教材，以及社会和心理理论之间的相互影响，以设法考察一系列可以使教师行为规范化的各种可供选择的类型”。

根据本研究的结果，结合我国现阶段学校体育的实际情况，提出了体育与健康的“知信行融合统一的发展性体育教育模式”(图 4-4-1-1)。

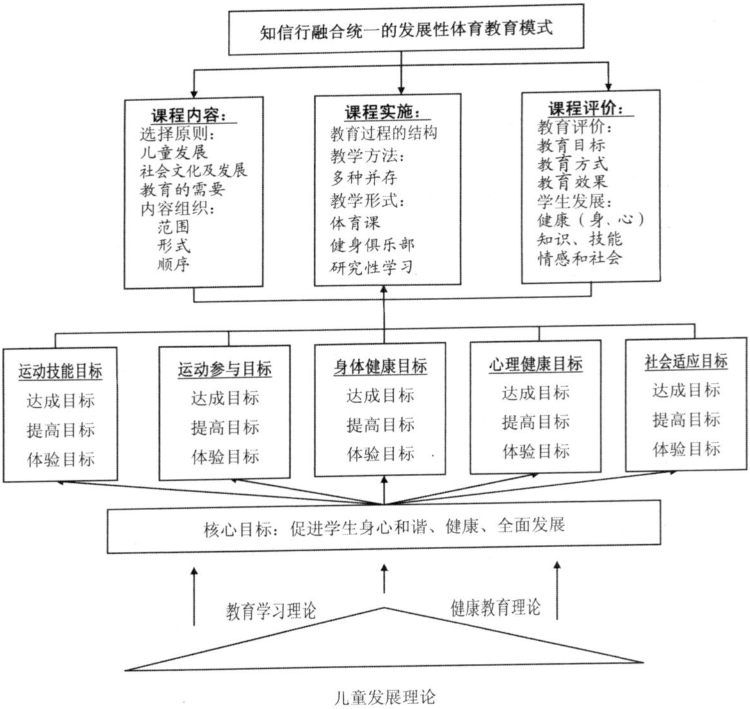

图 4-4-1-1　知信行融合统一的发展性教育模式实施框架

(一)知信行融合统一的发展性体育教育模式的时代背景

20世纪90年代以来，世界各国为了应对变化中的社会、政治、经济、科技、国内外环境等方面的挑战，大多数国家的教育政策强调社会协同、经济振兴和个人发展方面的目标，并将这一政策渗透入各个学科的教育体系之中。它要求各个学科的教育既确保新内容的学习，又为选修学科提供更多机会。教育政策的变化，确认了整体主义的教育倾向。这种取向强调心智、情感、心理和精神维度的平衡；教育政策的变化亦强调了儿童中心、活动本位的教学方式的重要性。综合而言，其共同趋势是课程综合化。课程综合化的趋势不仅改变了教育组织形式，它在本质上是教育价值观的深层次变革。它反映了人与环境和谐统一、人与社会和谐统一、人格整体融合发展的时代背景。

体育与健康教育以促进学生身体、心理和社会适应能力整体健康水平的提高为目标，融合了体育、生理、心理、卫生保健环境、社会、安全、营养等诸多学科领域的有关知识，关注学生的健康意识、锻炼习惯和卫生习惯的养成，将增进学生健康贯穿于课程实施的全过程。在新的教育环境中，构建技能、认知、情感、信念、行为、健康观等领域融合统一的教育模式，是确保“健康第一”思想落到实处，促进学生身心健康发展的必然选择。

“知信行融合统一的发展性体育教育模式”是一种以实现我国体育与健康教育目标为宗旨的教育教学方式。它按照教育规律与原理，遵循儿童青少年身心发展的规律和需要，把体育教育与健康教育中若干要素，加以科学合理的组织，并转化为各种类型的教育活动，旨在帮助学生获得科学的健康知识、树立健康信念、养成终身体育习惯，提高身心发展水平的有计划、有组织、有系统的教育活动。

(二)知信行融合统一的发展性体育教育模式的理论基础

知信行融合统一的发展性教育的理论基础呈金字塔结构(如图 4-4-2-1 所示)，塔底是综合理论，塔身是融合理论，塔顶是学科专业理论。

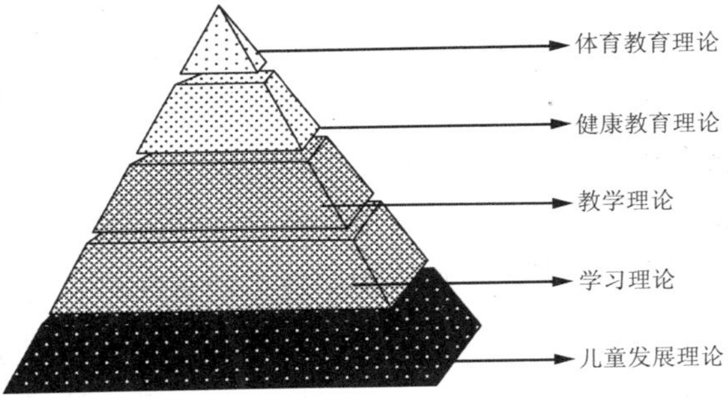

图 4-4-2-1 知信行融合统一的发展性教育模式理论基础图

1. 儿童发展理论

儿童少年身心发展的规律是教育的基础之基础。艾里克森在其"人格发展学说"中指出：在人格发展中，儿童身心发展规律在个人及其周围环境的交互作用中起着主导和整合的作用。每个人在生长过程中，都普遍体验着生物的、生理的、社会的事件的发展顺序，按一定的成熟程度分阶段地向前发展①。

---

① 朱智贤、林崇德：《儿童心理学史》，北京，北京师范大学出版社，1988。

罗杰斯指出：最重要的学习不是机械被动的学习，而是对人的发展有用的知识、技能的学习。促进学习的关键乃是教师和学生的某些态度和行动①。

依据艾里克森与罗杰斯的发展理论，本研究提出如下发展观。

(1)个体发展是一个整合而连续的过程，体育与健康教育是终身教育的组成部分，其教育效果并不能仅由即时的评价反馈来确定，而应从更大的范围——对终身发展的影响来进行考察。

(2)在体育教育中，社会性发展与认知发展、心理发展和运动技能发展一样具有重要的地位，两者不能有所偏废。

2. 教育和学习理论

奥苏贝尔的“同化理论”指出，有意义学习的实质是符号所代表的新知识与学习者认知结构中适当的观念、行为建立非人为的和实质性的联系②。他强调知识的学习必须与信念和行为的建立相统一。三者在学生认知发展和掌握学习精要的过程中是相互促进的。

建构主义学习理论认为，学习过程不是学习者被动地接受知识，而是积极地建构知识的过程。在这一过程中，思想和行为对知识的建构具有重要的支撑、导向作用。建构主义提倡在教师指导下，以学习者为中心的学习。也就是说，既强调学习者的认知主体作用，又不忽视教师的指导作用，教师是意义建构的帮助者、促进者，而不是知识的传授者与灌输者。学生是

---

① 潘菽主编：《教育心理学》，北京，人民教育出版社，1996。

② 同上。

信息加工的主体、是意义的主动建构者，学生观念的强化和与正确观念相符的行动是提高学习效果的重要因素①。

依据上述学习理论，本研究认为：第一，体育教育的主要目的在于培养学生的学习能力，发掘学生的身体、心理潜能，提高学生的综合素质，而不仅是知识、技能、经验的传授。知识技能与学生健康观念、行为的建立是相辅相成，互为支撑的。第二，体育教育内容的选择必须根据学生的能力、兴趣、需要，并充分考虑到学生的个别差异。

3. 健康教育理论

本研究依据美国疾病预防中心列出的四种最有影响力的行为干预理论/知信行模式(KAP 或 KABP)/健康信念模式、社会思考理论、合理行为理论、行为转变理论模式，为行为干预的健康教育理论基础②。

根据凯尔曼提出的“服从、同化、内化”态度改变三阶段理论，本研究提出如下干预教育阶段(见图 4-4-2-2)：

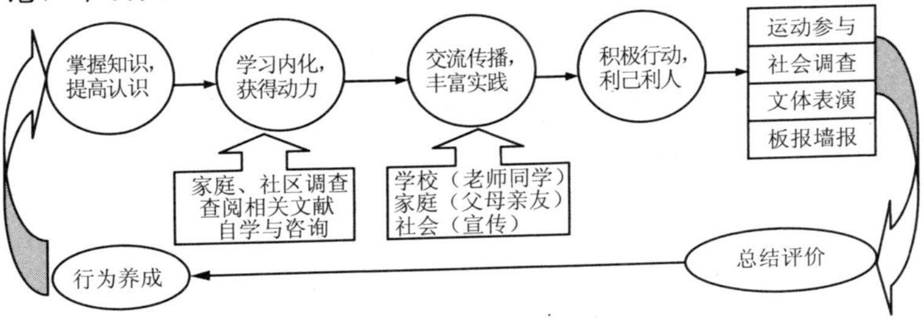

图 4-4-2-2　学生体育与健康行为转化的良性循环图

① 皮亚杰：《儿童的语言与思维》，北京，文化教育出版社，1980。

② Velicer-WF, Hughes-SL, et al. *An empirical typology of subjects within stage of change*. *Addict-Behave*, 1995, 20(3): 299-320.

第一阶段(入心—明理，服从阶段)，教师通过创设情境，激发学生的学习兴趣，使学生接受并积极参与教学，做好学习新知识的心理准备。

第二阶段(体验—参与，同化阶段)，师生互动进行以运动参与为主的体验教育，结合室内课讲解和讲座，使学生明白道理，形成观点。

第三阶段(解惑—力行，内化阶段)，引导学生参与、探究、发现体育运动的价值，了解体育对身心健康的益处，使学生坚定信念并逐步养成健康习惯。学生从内心深处接受“运动有益终身健康”的信念，彻底改变态度，并把这一观点纳入自己的价值观体系，成为其参与体育活动的内在驱动力。

其中，第三阶段是学生“知行统一”和“言行一致”的重要环节。它既是行为教育过程，又是意志训练过程。这一环节始于课堂，终于课后。由于行为改变是一个相当长的过程，课堂上的主要任务是使学生了解体育健康知识、掌握健身、健心技能的基本技能。要使之转化为学生的实际行动，还必须经过课后的训练和锻炼(如青少年体育俱乐部)和学校的其他活动和措施的密切配合。

基本心理过程：知(信息传播——觉察信息——引起兴趣——感到需要)→信(认真思考——相信信息——产生动机)→行(尝试行为——态度坚决——动力定型——行为确立)。

(三)知信行融合统一的发展性体育教育模式的目标

发展性教育模式的核心目标是“促进学生身心和谐、健康、全面发展”。在核心目标之下，依据《体育与健康课程标准》，将其目标分为运动参与、运动技能、身体健康、心理健康、社会适应五个领域。

由于学生身心发展的阶段性和个别差异性，要求其整齐划一地达到教育目标显然是不现实的。教育的责任在于保障所有学生至少达到“最低限度、最小限度”的教育要求。因此，应该允许并鼓励学生发挥其自身的潜能，允许学生达到不同的发展目标。考虑到学生在身心发展水平、个性、潜能、性别、年龄等因素的差异，发展性教育模式的教育目标设置为三个层次：达成目标、提高目标、体验目标(图 4-4-1-1)。

所谓的“达成目标”，指通过一系列指导，期待在学习者身上发生明显的变化。达成目标可以说就是最低限度、最小限度的目标。所谓“提高目标”，指通过多方面的指导，期待学习者在某些方面有所提高和深化，是在达成目标之上的一种较高要求的目标。所谓“体验目标”，是期待学习者自身产生某种特定内容体验，即让学生学会学习、学会健体、学会健心、主动探索，是较高要求的目标。

(四)知信行融合统一的发展性体育教育模式的实施

1. 教师培训

机构：体育与健康教育的开展，需要教育部门和体育部门相应机构及高等教育、体育院校的互相协调和支持，定期、分级举办体育与健康的知识、技能教师培训班。

目的：使教师能够承担学校教学。若教师作为下一级培训的培训员，则需要进一步接受高层次、前沿理论的综合培训。

学时：依据培训内容分为理论和技术两部分。一般采用3～5日培训法，对教师集中进行 21～35 学时的培训即可承担教学任务。

内容：青春期学生健康教育的理论、内容和教学方法；学生心理健康教育的关键和影响因素；现代新兴体育运动技术、教法等。

方式：体验式、参与式教学方式为主；理论与技术培训相结合。

2. 教育过程的结构

学(学生)的活动、教(教师)的活动和教学内容三个因素之间的相互作用构成了教学过程。教学过程是教师的教与学生的学，结合教材教具等教学媒介所开展的统一活动。教学过程具有动态性，随着教学内容、教学对象、执教者等因素的不同而不同。教学过程的结构可见图 4-4-4-1。

一般而言，教学过程有如下一些环节：根据目标选择内容→创设环境→探索学习→观察指导→技能掌握或知识习得→反馈调节→巩固提高→形成新的认知结构。

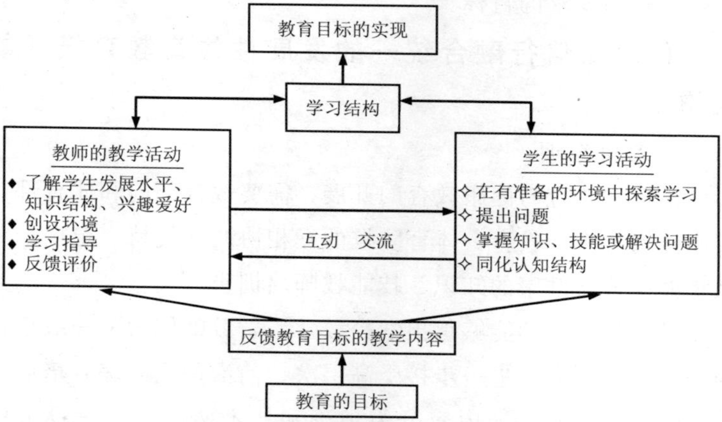

图 4-4-4-1　教育实施过程的结构示意图

3. 教育支持系统

学生家庭和生活的周边环境对学生体育与健康知信行教育的效果有着重要的影响和支持作用。因此，在教育过程中，应积极调动家长参与学生教育过程，举办家长学校和家长的体育与健康知、信、行系列教育活动，提高家长的健康意识。及时与家长联系和沟通，共同致力于学生的综合健康教育。

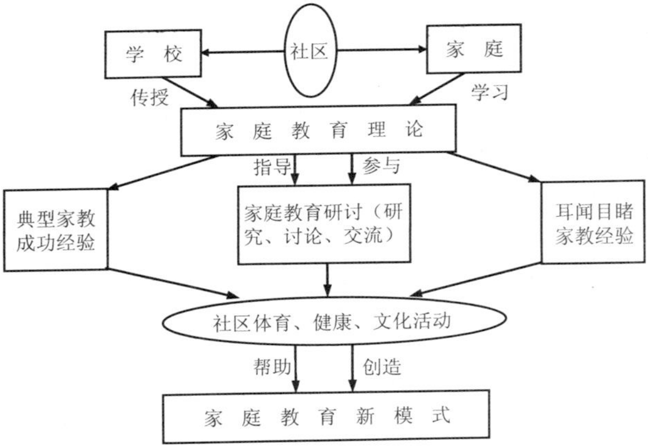

图 4-4-4-2 发展性体育教育模式的家庭和社区支持系统

随着社会发展，学校已不再只是社区中的一座“象牙塔”，而是越来越广泛地同社区发生各种各样的联系。一方面，学校的教育资源向社区开放，引导和参与社区的一些社会活动，尤其是教育活动。另一方面，社区也向学校开放自己的可供利用的教育资源，参与学校的教育活动。学校教育与社区生活正在走向终身教育要求的“一体化”，学校教育社区化，社区生活教育化。新课程特别强调学校与社区的互动，重视挖掘社区的教育资源。在这种情况下，教师的教育工作是整个社区教育、科学、文化事业的共建者。教师的角色从仅仅是专业型、学校型教师，拓展为社区型、社会型教师。社区、家庭与学校建立经常性的联系，支持学校体育与健康教育是做好社区青少年健康教育工作的重要环节。社区可以建立青少年课外活动基地或活动中心，为学生提供体育锻炼的实践场所和机会；可以举办一些体育与健康的宣传活动，鼓励家庭参与，帮助学生应用和强化体育与健康知识、行为。

(五)知信行融合统一的发展性体育教育模式的评价

评价是针对教育的特点，通过收集、分析、比较有关资料，科学地判断课程的价值或效益的过程。它是教育模式的一个有机组成部分。随着我国体育与健康课程改革由教师中心、内容驱动向学生中心、探究驱动的教育重心的转移，也带来了教育评价的变革，即由量化评价走向质性评价。

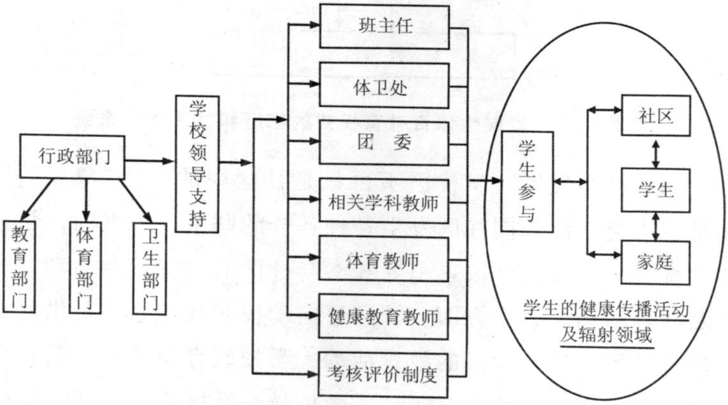

图 4-4-4-3　体育与健康教育涉及校内外相关领域关系图

本研究的评价包括了三方面的内容：(1)对课程目标、方案、内容、材料、效果等的评价；(2)对教育教学过程的实际运行状况，如教学方法、教师与学生交互作用、学生间的相互作用、教学环境等有关教育过程的评价；(3)对教育者教学能力和责任心的评价。

1. 过程评价

在干预过程中自始至终进行评价。

2. 影响评价

在课程结束后，对体育与健康教育的效果进行评价，即干预的短期或中期评价。主要考查学生有关知识和态度、身体素质、心理健康和社会适应状况以及良性行为倾向。评价结果可以帮助学校了解开展体育与健康教育的情况和效果，对教学进行相应的调整。评价方法包括三方面：

(1)学生自评：学生对接受体育与健康干预教育前后的变化，进行自我评价。

(2)教师评价：包括任课教师、协作课教师、班主任。他们除了对学生进行个体评价外，还要对全班学生的班风、学生间的关系、班级气氛等进行整体评价。

(3)家长评价：家长对学生的变化进行评价。

3. 回访(阶段/结果)评价

在干预教育结束后 3 个月或 1 年进行追踪评价，主要评价学生行为变化和保持情况。评价方法为：

(1)学生自评：评价自己是否保持了健康行为或改变了不健康的行为；当前的身心健康状况。

(2)教师评价：评价学生的行为保持或发展变化情况。

(3)学校评价：学校对一个班或一届学生的综合评价。

(4)家长评价：评价学生的健康行为习惯的建立保持、身心发展变化情况。

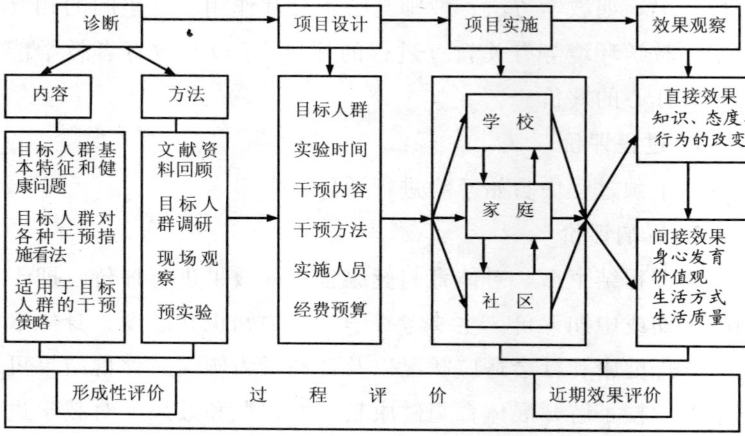

图 4-4-5-1 发展性体育与健康教育模式的评价图

五、本研究的局限性与不足

尽管研究者在课题研究的各个环节都尽心尽力，并力求精益求精，但还是存在一些不尽如人意的问题。

第一，限于文章篇幅和时间的关系，很多已经收集到的资料信息在本文中没有提取和表达出来，有待于以后进一步分析和完善。

第二，由于受研究现场客观因素的限制，存在一些复杂的因素可能会对结果造成一定的影响，所以本研究结果外推时应注意因地制宜，灵活应用。

第三，“非典型肺炎”事件的影响，使研究设计中一些与家庭、社区交互的活动被取消；同时准备多日的体育与健康汇报演出和“体育使你更健康”漫画展未能如期举行；一些针对家长和教师的干预活动也未能全部完成。这些都给本研究留下许多遗憾。

第四，在与相关学科的综合教育中，由于时间和课时原因，未能与思想政治课的教师合作，失去了一次宝贵的交流机会。

第五，受时间、精力、财力的限制，本次研究样本的覆盖面较窄，层次性不强，这些都有待在后续的研究中逐步推广、完善。

第五章　结论与建议

一、结　论

本研究采用实验研究法，依据《体育与健康课程标准》，进行了关于体育与健康教育对中学生体质综合干预的理论、机制、方法、途径和模式的一系列研究，并就师资培训、综合评价进行了探索性尝试。结论如下：

第一，本研究对8个实验班初二、高二年级中学生进行了为期5个月的深入、系统的体育与健康教育。实践证明，该教育较以往的体育教育更有利于提高中学生身心健康水平。

第二，干预教育前的需求分析表明，中学生存在中度及以上心理健康问题的学生占学生总数的7.28%，但轻度心理健康问题的学生占总测试人数的59.04%，这表明了干预教育的必要性和应时性。

中学生心理健康状况具有明显的年级、性别主效应。表现为高中学生的整体心理健康状况不及初中学生，女生心理健康状况不及男生。

中学生普遍缺乏正确的体育与健康知识，对体育运动与身心健康的关系认识不够深刻，正确的体育与健康观尚未建立。体育与健康的“知而不行、行而不知”现象较为严重。

中学生身体素质较差，相当一部分学生在及格分数线上徘徊。男生突出表现为耐力、力量差，女生表现为速度、耐力差。中学生身体素质现状亟待改观。

第三，干预教育后，实验组学生心理健康无问题的人数较干预前上升12.72%，有中度以上问题的学生下降0.74%。实验组学生在自尊、自信、情绪、意志品质、社会适应能力各项总分与前测相比，变化值分别为：6.76，14.60，－5.07，8.80，8.65；与对照组相比，实验组改善幅度显著。结合定性研究的结果，表明体育与健康教育在提高学生心理健康状况方面是有效的。

学生KAP调查和学生身体素质综合测评的结果显示：干预教育后，实验组学生的体育与健康知识、信念、行为的综合得分大幅度提高，知晓率分别提高了37.05％、24.05％、32.2％；身体素质综合测试中，实验组学生优秀率提高了8.70％，不及格率下降了8.85％。同时，实验组学生锻炼的积极参与感和精神振作感都较对照组显著提高，提示干预教育很好地调动了学生参与体育活动的积极性，对学生健康行为、健康观念和身心发展起到很好的教育效果。

干预教育结束3个月后，对学生身心发展情况进行了回测和回访。结果表明，学生身心测试的多项指标出现反复，尤以高中学生更为明显。但是与对照组相比，实验组学生仍然保持了较好的身心状态和锻炼习惯。此情况一方面反映了学生心理变化的波动性，另一方面也说明中学生心理健康教育的艰巨与复杂。

第四，在以上研究基础上，构建了“知信行融合统一的发展性体育教育模式”，并就该模式的理论基础、教育目标、实施办法、评价方式进行了详细的探讨。

二、建 议

第一，体育与健康教育改革是一项系统工程，必须与教师培训等一系列配套措施紧密结合。当前中学教师的心理健康教育能力有限，亟须开展教师心理健康知识、技能、方法的专项教育培训。

第二，干预教育要关注学生的个别差异，关注地区差异问题，辩证地处理教育内容多样性与统一性、选择性与共同基础性的关系，促进每一个学生的发展。

第三，辩证地看待学生心理健康问题，在调查、分析与判断学生的心理特征、存在的主要问题、未来的发展趋势时，既不能夸大其严重性，也不能否认其严峻性，以对学生、对社会负责的态度开展有针对性的理论与实证研究。

第四，中学体育与健康课程改革对我国体育教育院校的人才培养体系与培养内容产生极大的影响与冲击。体育师范院校一方面要及时了解基础教育改革的动向，适应为基础教育培养未来师资的教育形势，另一方面要实现教育“重心后移”，加强对现有教师队伍的在职培训，为我国终身教育体系的建立提供智力支持。

第五，进一步加强学生体质研究中心理与社会指标的研究工作，逐步将心理和社会适应的测量和评价纳入全国性学生体质调研中，以完善学生体质研究体系，全面把握学生身心发展规律，为推进我国学生体育卫生工作，促进学生身心健康发展提供系统而科学的研究保障。

附　录

附录一　体育与健康知、信、行调查表(学生用)

编号：□□□□□□

亲爱的同学们： 　　你们好！为更好地了解你们的体育与健康状况，我们要问一些问题，请你们自己回答，怎么想就怎么答。本调查不计分，也不算学习成绩，希望同学们如实回答。 　　除已注明多选的题目外，每个题只选一个答案。答题时，请在你选择的答案的序号上打“√”。对有横线的题目，请按要求把答案填在“______”上。 　　答题举例： 　　如：性别(1)男(2)女 　　如果你是男生，就在(1)上打“√”，即性别：(1√)男(2)女 　　如果你是女生，就在(2)上打“√”，即性别：(1)男(2√)女 　　谢谢你的合作！ 北京体育大学 2003年1月

调查员______　　　　调查日期______年______月______日

(以下内容由学生填写，竖线右侧为编码区，是由工作人员填写的)

个人基本情况

1. 姓名：______	NAME □
2. 学号：______	NUM □
3. 性别：A. 男　　B. 女	SEX □
4. 出生日期：______年______月______日	AGE □
5. 学校名称：______	SCH □

6. 年级：______ 班级：______ GRA □

7. 填写日期：______年______月______日 DAY □

8. 是否独生子女？ A. 是 B. 否 Y/N □

第一部分(知识部分)

1. 你听说过“三维健康观”吗？ K1 □

A. 听说过 B. 没听说过

2. 你知道健康的含义吗，它包括哪三方面______、______、______。

K2 □

3. 世界卫生组织把人的生命进程分为三个阶段，青少年学生处于：

K3 □

A. 生命保护阶段 B. 生命起始阶段

C. 生命准备阶段 D. 生活质量

4. 你听说过“健康促进学校”吗？ K4 □

A. 听说过 B. 没听说过

5. 你会自测脉搏吗？ K5 □

A. 会 B. 不会

6. 你的最高心率的计算公式应为：______。 K6 □

7. 你的体育锻炼的有效心率的范围应为：______。 K7 □

8. 台阶实验指数是高好还是低好？ K8 □

A. 高好 B. 低好

C. 不知道

9. 肺活量大主要表示你的______功能好。 K9 □

A. 心肺功能 B. 呼吸功能

C. 消化功能

10. 肥胖可能与下列哪种行为因素关系最密切？ K10 □

A. 遗传 B. 运动不足

C. 饮食不节制 D. 没有及时采取减肥措施

E. 不知道

11. 你能列出三种与运动不足有关的疾病吗？______。 K11 □

12. 你听说过“运动处方”吗？ K12 □

A. 听说过　　B. 没听说过

13. 身体素质包括哪几方面：______。 K13 □

14. 体质健康测试的目的是要得高分，和其他同学比个高低吗？ K14 □

A. 对　　B. 不对

15. 立位体前屈是测验你的______素质。 K15 □

A. 力量　　B. 速度

C. 耐力　　D. 灵敏

E. 柔韧

16. 仰卧起坐/引体向上是测验你的______素质。 K16 □

A. 力量　　B. 速度

C. 耐力　　D. 灵敏

E. 柔韧

17. 2008 年北京奥运会的三大主题是：______、______、______。

K17 □

18. 2000 年悉尼奥运会上中国代表团共得______金牌。 K18 □

A. 16　　B. 18

C. 28　　D. 36

19. 现代奥林匹克运动创始人是______。 K19 □

A. 萨马兰齐　　B. 阿维兰热

C. 顾拜旦　　D. 罗格

20. 中小学的学生应坚持每天活动多长时间？ K20 □

A. 20 分钟　　B. 30 分钟

C. 1 小时　　D. 2 小时

E. 2 小时以上

21. 作为一名正处在生长发育高峰的中学生每周至少锻炼______次？

K21 □

A. 一次　　B. 两次

C. 三次

22. 你认为体育课和体育锻炼对缓解你的学习紧张/焦虑情绪有作用吗？

K22 □

A. 有明显作用　　B. 有一些作用

C. 有一点作用　　D. 没有作用

23. 当你心情不愉快时，参加体育活动能使你的情绪有所好转吗？

K23 □

A. 能　　B. 不能

C. 不知道

24. 你认为通过体育活动能够获得同伴的尊重和认同吗？ K24 □

A. 是　　B. 不是

25. 你认为耐力项目能否锻炼你的意志品质和抗挫折的能力？

K25 □

A. 能　　B. 不能

C. 不知道

第二部分(态度/信念)

26. 身体没病就是健康。 A1 □

A. 对　　B. 不对

27. 你认为一个人的身心健康状况与学习成绩有关系吗？ A2 □

A. 完全没关系　　B. 没关系

C. 有关系　　D. 有很大关系

E. 不能确定

28. 你认为体育锻炼对你未来学业、事业、生活有好处吗？ A3 □

A. 完全没关系　　B. 没关系

C. 有关系　　D. 有很大关系

E. 不能确定

29. 体育课的学习和课余体育锻炼能够促进你哪一方面的健康？(可多选) A4 □

A. 身体健康　　B. 心理健康

C. 社会交往健康　　D. 无所谓

30. 你认为掌握一种可以终生进行锻炼的本领有必要吗？ A5 □

A. 完全没必要　　B. 没必要
C. 有必要　　D. 非常有必要
E. 不能确定

31. 你认为经常吃一些营养补品或保健品(如蜂王浆、奶粉等)，身体一定会很棒吗？ A6 □

A. 是的　　B. 不一定
C. 不能确定

32. 不论什么运动都可以健身，运动强度越大越有利于提高身体健康素质。 A7 □

A. 是　　B. 否

33. 身体素质提高了，我好像没有发生什么变化。 A8 □

A. 是　　B. 否

34. 节食是降低体重最有效的方法。 A9 □

A. 是　　B. 否

35. 超重或肥胖的主要原因是吃得太多。 A10 □

A. 是　　B. 否

36. 青少年在进行有氧锻炼前，进行关节、肌肉的伸拉练习并不重要。 A11 □

A. 是　　B. 否

37. 作为锻炼有氧耐力的手段，慢跑比走好。 A12 □

A. 是　　B. 否

38. 我的心血管机能水平已经“达标”，没有必要再进行练习。 A13 □

A. 是　　B. 否

39. 力量练习将使女孩男性化。 A14 □

A. 是　　B. 否

40. 力量练习可以使脂肪转变为肌肉。 A15 □

A. 是　　B. 否

41. 仰卧起坐是消除腹部脂肪最有效的练习方法。 A16 □

A. 是　　　　　　　　B. 否

42. 女孩子进行力量练习后增长肌肉会影响苗条的身材。　A17 □

A. 是　　　　　　　　B. 否

43. 在进行体育锻炼时，练什么部位就可以减少什么部位的脂肪。

A18 □

A. 是　　　　　　　　B. 否

44. 形体练习和健美操是女生参加的运动，男生没必要参加。

A19 □

A. 是　　　　　　　　B. 否

45. 肌肉伸展练习是最好的准备活动内容。　A20 □

A. 是　　　　　　　　B. 否

46. 只有在剧烈运动前才需要进行肌肉的伸展练习。　A21 □

A. 是　　　　　　　　B. 否

47. 柔韧性越大越好。　A22 □

A. 是　　　　　　　　B. 否

48. 年龄的增长是导致柔韧性下降的主要因素。　A23 □

A. 是　　　　　　　　B. 否

49. 在发展有氧耐力的锻炼中，增加 1 倍的练习强度就可以减少 1/2 的练习时间。　A24 □

A. 是　　　　　　　　B. 否

50. 你在参加体育活动时，是否有意识控制锻炼的时间和强度？

A25 □

A. 经常是　　　　　　B. 有时是

C. 偶尔是　　　　　　D. 很少是

E. 从来不是

51. 你认为从现在开始预防成年以后发生的疾病有必要吗？　A26 □

A. 完全没必要　　　　B. 没必要

C. 有必要　　　　　　D. 非常有必要

E. 不能确定

52. 你认为养成体育锻炼的习惯对改善你的身体和心理健康有作用吗？

A27 □

A. 完全没作用　　B. 没作用

C. 有作用　　D. 有很大作用

E. 不能确定

53. 你是否关注你的心理健康状况？　　A28 □

A. 经常是　　B. 有时是

C. 偶尔是　　D. 很少是

E. 从来不是

54. 你是否经常处于紧张之中而无法放松？　　A29 □

A. 经常是　　B. 有时是

C. 偶尔是　　D. 很少是

E. 从来不是

55. 你是否感到很焦虑而不知如何是好？　　A30 □

A. 经常是　　B. 有时是

C. 偶尔是　　D. 很少是

E. 从来不是

56. 你是否缺乏自信？　　A31 □

A. 经常是　　B. 有时是

C. 偶尔是　　D. 很少是

E. 从来不是

57. 你是否常常不能约束自己？　　A32 □

A. 经常是　　B. 有时是

C. 偶尔是　　D. 很少是

E. 从来不是

58. 你是否感到自己意志薄弱，不能长期坚持做一些事情？　　A33 □

A. 经常是　　B. 有时是

C. 偶尔是　　D. 很少是

E. 从来不是

59. 你是否常常感到自己身心疲惫？　　A34 □

A. 经常是　　B. 有时是
C. 偶尔是　　D. 很少是
E. 从来不是

60. 你是否常常感到自己处于压力之中？　A35 □
A. 经常是　　B. 有时是
C. 偶尔是　　D. 很少是
E. 从来不是

61. 你是否常常感到非常快乐？　A36 □
A. 经常是　　B. 有时是
C. 偶尔是　　D. 很少是
E. 从来不是

62. 你对学习有关体育与心理健康方面的知识感兴趣吗？　A37 □
A. 特别不感兴趣　　B. 不感兴趣
C. 无所谓　　D. 感兴趣
E. 特别感兴趣

第三部分(行为)

63. 你昨天锻炼身体(指上体育课或有意识锻炼行为)了吗？　P1 □
A. 锻炼了　　B. 没有锻炼

64. 如果没有人督促你，你能自觉参加体育锻炼吗？　P2 □
A. 能　　B. 不能

65. 除学校必须参加的体育锻炼外，你能保证进行体育锻炼的频度是多少？
P3 □
A. 每周一次　　B. 每周二次
C. 每周三次或三次以上　　D. 不一定
E. 除学校必须参加的体育锻炼外，我不活动

66. 你每次体育锻炼的时间是多少？　P4 □
A. 30 分钟以下　　B. 30 到 45 分钟
C. 45 分钟到 1 小时　　D. 1 小时以上

67. 上体育课或课外体育活动时你是否常常请假或见习？　P5 □

A. 常常　　B. 有时

C. 偶尔　　D. 很少

E. 从不

68. 你是否常常为自己设立目标/提出要求(制订健身计划)，而总是完不成。　P6 □

A. 常常　　B. 有时

C. 偶尔　　D. 很少

E. 从不

69. 你是否为自己制订过锻炼/健身计划？(若“是”请答72题，“否”请答73题)　P7 □

A. 是　　B. 否

70. 你是否能完成自己制定的锻炼/健身计划吗？　P8 □

A. 能够完成　　B. 有时能够完成

C. 偶尔能够完成　　D. 很少能够完成

71. 你为自己或他人制定过健身运动处方吗？　P9 □

A. 常常　　B. 有时

C. 偶尔　　D. 很少

E. 从不

72. 你愿意把学到的体育与健康知识介绍给其他人吗？　P10 □

A. 特别愿意　　B. 愿意

C. 无所谓　　D. 不愿意

E. 很不愿意

73. 你和父母交谈过学校所学的体育与健康知识吗？　P11 □

A. 常常　　B. 有时

C. 偶尔　　D. 很少

E. 从不

74. 你和本班同学谈论过所学的体育与健康知识吗？　P12 □

A. 常常　　B. 有时

C. 偶尔　　D. 很少

E. 从不

75. 你和高年级同学交谈过所学的体育与健康知识吗？ P13 □

A. 常常 B. 有时

C. 偶尔 D. 很少

E. 从不

76. 你和低年级同学谈论过所学的体育与健康知识吗？ P14 □

A. 常常 B. 有时

C. 偶尔 D. 很少

E. 从不

77. 你是否自己去寻找过有关体育与健康方面的知识？ P15 □

A. 常常 B. 有时

C. 偶尔 D. 很少

E. 从不

78. 你最近3个月的体育与健康知识(如体育新闻、事件、锻炼信息)主要是从下列哪些途径获得的？ P16 □

A. 看电视 B. 看报纸或杂志

C. 听老师讲的 D. 父母讲的

E. 同学或朋友讲的 F. 其他(请填写在横线上)______

(干预后的调查表中加入以下两题，不记入总分)：

79. 在本学期，你与同学一起搞过哪些有关体育与健康方面的活动？(可多选) J1 □

A. 张贴宣传画 B. 做板报

C. 表演小品 D. 讲故事

E. 作调查 F. 参加文体汇演

G. 给他人制定运动处方 H. 其他(请填写在横线上)______

J2 □

80. 你是否喜欢本学期所开设的体育与健康课的讲课方法？

A. 特别不喜欢 B. 不喜欢

C. 无所谓 D. 喜欢

E. 很喜欢

附录二　中国中学生心理健康量表(MMHI-60)

指导语：下面是你近来心态的有关问题，请你仔细阅读每一个题目之后，根据自己的情况实事求是地填写，每一个题目没有对错之分，请你尽快回答，不要在每一道题上过多地思考。

每一个题目后面都有5个等级供你选择，请你分别按照程度的高低：1、2、3、4、5，在相应的数字上打"√"，每一个题目都要回答，不要漏题。

（1＝从无　2＝轻度　3＝中度　4＝偏重　5＝严重）

1. 喜欢参加学校的课外活动
2. 心情时好时坏
3. 做作业必须反复检查
4. 感到人们对我不友好，不喜欢我
5. 我感到苦闷
6. 我感到紧张或容易紧张
7. 我学习劲头时高时低
8. 我对现在的学校生活感到不适应
9. 我看不惯现在的社会风气
10. 保证正确，做事必须做得很慢
11. 我的想法总与别人不一样
12. 我总担心自己的衣服是否整齐
13. 我容易哭泣
14. 我感到前途没有希望
15. 我感到坐立不安、心神不定
16. 经常责怪自己
17. 当别人看着我或讨论我，感到不自在
18. 感到别人不理解我、不同情我
19. 我常发脾气，想控制但控制不住

20. 觉得别人想占我的便宜
21. 大叫或摔东西
22. 总在想一些不必要的事情
23. 必须反复洗手或反复数数
24. 总感到有人在背后谈论我
25. 时常与人争论、抬杠
26. 我觉得对大多数人都不可信任
27. 我对做作业的热情忽高忽低
28. 同学考试成绩比我好，我感到难过
29. 我不适应老师的教学方法
30. 老师对我不公平
31. 我感到学习负担很重
32. 我对同学忽冷忽热
33. 上课时，总担心老师会提问自己
34. 我无缘无故地突然感到害怕
35. 我对老师时而亲近，时而疏远
36. 一听说考试，心理就感到紧张
37. 别的同学穿戴比我好，有钱，我感到不舒服
38. 我讨厌做作业
39. 家里环境干扰我的学习
40. 我讨厌上学
41. 我不喜欢班里的风气
42. 父母对我不公平
43. 感到心里烦躁
44. 我常常无精打采
45. 我的感情容易受到别人的伤害
46. 觉得心里不踏实
47. 别人对我的表现评价不恰当
48. 明知担心没有用，但总害怕考不好

49. 总觉得别人在跟我作对

50. 我容易激动和烦恼

51. 同异性在一起，感到害羞不自在

52. 有想伤害他人或打人的冲动

53. 我对父母时而亲热，时而冷淡

54. 我对比我强的同学并不服气

55. 我讨厌考试

56. 心里总觉得有事

57. 经常有自杀的念头

58. 有想摔东西的冲动

59. 要求别人十全十美

60. 同学考试成绩比我好，但能力并不比我强

附录三　体育锻炼感觉量表(EFI)

下表共有十二道题，旨在向你调查体育课体育锻炼后的感觉，请你每题选择一个与你情况比较相符的答案并在相应的数字上打“√”。体育课体育锻炼后我感到：

(0＝毫无感觉　1＝轻微感觉　2＝中等感觉　3＝较强感觉　4＝强烈感觉)

1. 精神焕发的

2. 内心平静的

3. 疲劳的

4. 内心舒畅的

5. 轻松的

6. 精力充沛的

7. 高兴的

8. 劳累的

9. 恢复了活力的

10. 安静的

11. 疲惫的

12. 情绪乐观的

附录四　自尊量表(SES)

指导语：本问卷将帮助你了解你自我接纳的总体感受，请你在最符合自己的选项上打“√”。请注意，每题只能选一项，不能不选，也不能多选。选择时请仔细阅读题目，但不要过分推敲，以保证结果的真实可靠。

(1＝非常符合　2＝符合　3＝不符合　4＝很不符合)

1. 我感到我是一个有价值的人，至少与其他人在同一水平上。
2. 我感到我有许多好的品质。
3. 归根结底，我倾向于觉得自己是一个失败者。
4. 我能像大多数人一样把事情做好。
5. 我感到自己值得自豪的地方不多。
6. 我对自己持肯定态度。
7. 总的来说，我对自己是满意的。
8. 我希望我能为自己赢得更多尊重。
9. 我确实时常感到毫无用处。
10. 我时常认为自己一无是处。

附录五　POMS量表

下面是一份用来描写当前感受的词汇表。请仔细阅读每一词汇，并立即在最能表达你目前心情的数字上打“√”。请注意不要遗漏任何一题!

(0＝一点也不　1＝有一点　2＝中等　3＝较多　4＝完全如此)

1. 难以集中注意的
2. 羞怯的
3. 气愤的

4. 茫然的
5. 暴躁的
6. 精疲力竭的
7. 白费力的
8. 急躁的
9. 失望的
10. 烦恼的
11. 肌肉僵硬的
12. 快乐的
13. 劳累的
14. 活跃的
15. 自豪的
16. 孤独的
17. 充满活力的
18. 生机勃勃的
19. 难以忍受的
20. 困惑的
21. 愁苦的
22. 丧气的
23. 悲伤的
24. 不安的
25. 有实力的
26. 健忘的
27. 焦虑的
28. 怨恨的
29. 活泼好动的
30. 厌倦的
31. 精力充沛的
32. 心神不定的

33. 疲劳的

34. 疲惫不堪的

35. 慌乱的

36. 不满的

37. 拘谨的

38. 神经紧张的

39. 愤怒的

40. 满意的

附录六　个人评价问卷

以下列出了许多反映了普通的情感、态度和行为的陈述。请仔细阅读每一个陈述，考虑一下它是否适用你。尽量诚实、准确地回答，但没有必要每一条都刻意花太多时间。除非特别标明时间界限，否则请考虑一下近两个月内这些条目对你是否适用？请像下面所列的那样，表明你同意每一个陈述情况的程度。

（1＝非常同意　2＝基本同意　3＝基本不同意　4＝极不同意）

1. 我是个会交际的人。

2. 近几天来有好几次我对自己非常失望。

3. 使我烦恼的是我的模样不能更好看点。

4. 维持一个令人满意的友情关系对我没有困难。

5. 此刻我比几周来更为快乐。

6. 我对自己的身体外貌感到满意。

7. 有时我不去参加球类及非正式的体育活动，因为我认为自己对此不擅长。

8. 当众讲话会使我不舒服。

9. 我愿意认识更多的人，可我又不愿外出和同他们见面。

10. 体育运动是我的擅长之一。

11. 学业表现是显示我的能力，让别人认识我成绩的一个方面。

12. 我比一般人长得好看。

13. 在公共场合演节目和讲话，我想都不敢想。

14. 想到大多数体育活动时，我便充满热情和渴望，而不是疑惧和焦虑。

15. 即使身处那些我过去曾应付得很好的场合，我仍然常常对自己没把握。

16. 我常怀疑自己是否有这份天资，能成功地实现我的职业和专业目标。

17. 我比与我年龄、性别相同的大多数人更擅长体育。

18. 我缺少使我成功的一些重要能力。

19. 当我当众讲话时，我常常有把握做到清楚、有效地表达自己的看法。

20. 我真庆幸自己长得漂亮。

21. 我已经意识到，与同我竞争的大多数人相比，我并不是个好学生。

22. 最近几天，我对自己不满意的地方比以往更多。

23. 对体育运动不擅长是我的一个很大的缺点。

24. 对我来说，结识一个新朋友是我所盼望的愉快感受。

25. 许多时候，我感到自己不像身边许多人那样有本事。

26. 在晚会或其他社交聚会上，我几乎从未感到过不舒服。

27. 比起大多数人来，我更少怀疑自己的能力。

28. 我在建立友谊关系上，比大多数人有更多的困难。

29. 今天我比平常对自己的能力更无把握。

30. 令我烦恼的是，我在智力上比不上其他人。

31. 当事情变得糟糕时，我通常相信自己能妥善地处理它们。

32. 我比大多数人更为担心自己在公共场合讲话的能力。

33. 我比我认识的多数人更自信。

34. 大多数人可能会认为我的外表没有吸引力。

35. 当我学一门新课时，我通常可以肯定自己在结束时成绩处于班上前1/4内。

36. 我像大多数人一样有能力当众讲话。

37. 当我参加社交聚会时，常感到很笨拙和不自在。

38. 通常我与朋友的友谊似乎比大多数人好。

39. 有时我因为不想当众发言，回避上课或做其他事情。

40. 当我必须通过重要的考试或其他专业任务时，我知道自己能行。

41. 我似乎比大多数人更擅长结识新朋友。

42. 我今天比平时更为自信。

43. 我时时避开那些我有可能会与之产生友谊关系的人，因为我在他们身边会感到太紧张。

44. 我希望我能改变自己的容貌。

45. 我比大多数人更少担心在公共场合讲话。

46. 现在我感到比平时更乐观和积极。

47. 假如我更自信一点，我的生活就会好一些。

48. 我追求那些智力上富有挑战性的活动，因为我知道我能比大多数人做得更好。

49. 我在人群中不能像大多数人那样感到舒服。

50. 今天我比平时对自己更无把握。

附录七　社会适应性自评问卷

指导语：青少年正处于人一生中生理、心理迅速发展的阶段，同时又面临着升学、择业等许多选择，这使当中的许多人产生了多种复杂的心理冲突。这些心理冲突产生的原因主要是生理的成熟与心理之间的不平衡造成的。本问卷将帮助你了解自己的心理成熟程度，即社会适应性处于什么水平？

本问卷包括15道题目，每题有多个选择答案，请你从中选出最符合自己情况的一项。请注意，每题只能选一项，不能不选，也不能多选。

选择时请仔细阅读题目，但不要过分推敲，以保证结果的真实可靠。

1. 在与朋友讨论问题时，我______。

A. 常常使讨论达到激烈辩论的程度

B. 如果是感兴趣的问题，我总要参加讨论

C. 只是偶尔参加讨论，我更喜欢自我思考

D. 不愿意参加讨论，总是尽量回避

E. 非常讨厌讨论

F. 讨论可以获取对方的知识，我喜欢讨论

2. 对于自己的容貌和装饰，我______。

A. 非常重视，即使多花一些时间也要弄得体面一些

B. 比较重视，但只是花较少的时间适当的加以注意

C. 认为无关紧要，只要说得过去就行

D. 对此丝毫不感兴趣

3. 受到别人批评时，我______。

A. 要找出挨批评的理由

B. 要直接问一问挨批评的理由

C. 如果自己是正确的，就将批评当做对方对自己的误解

D. 保持沉默，不往心里去

E. 找机会进行反驳

F. 虽然对批评很反感，但我什么也不说

4. 对于升重点初、高中、大学的事情，我______。

A. 毫无兴趣

B. 自己身边的事情都忙不过来，根本顾不上那些事

C. 我经常收集有关重点初中、高中、大学的消息

D. 为了更好地提高自己，我很想到重点初中、高中、大学去学习

E. 我对重点初中、高中、大学的事比对本校的事更加关注

F. 我认为没有比到重点初中、高中、大学学习更有意义的事了

5. 必须在众人面前讲话时，我______。

A. 很紧张，感到不知所措，说话结结巴巴

B. 有点为难，但还能完成任务

C. 这是对自己的一个挑战，我绝不退缩

D. 我不需要特别的努力

E. 我很高兴有听众听我讲话

6. 得知自己在竞赛中获奖，我______。

A. 很高兴，想让亲朋好友都知道

B. 虽然很高兴，但并不认为这是什么特别重要的事情

C. 对此不感兴趣

D. 我不想成为公众关注的人物

7. 受到家人训斥或抱怨时，我______。

A. 保持沉默，不往心里去

B. 说些顺着家人的话，以保持家庭和睦

C. 予以反驳，以维持自尊

D. 找出受训斥或抱怨的原因

E. 大发雷霆，进行争辩

8. 对于预言这种特异功能，我______。

A. 相信它们真的很灵

B. 这种预言大部分都能成功

C. 不知道究竟是预言成真还是偶然猜中

D. 半信半疑

E. 认为毫无根据

9. 老师和家人对你______。

A. 整天挑我的不是

B. 一出什么事儿，准说是我的不对

C. 只要我没干出什么事来，从来不关心我

D. 经常夸奖我，帮助我

E. 我做错事时批评我，做好事时表扬我

10. 在集体或社会举行的聚会上，我______。

A. 总是希望成为讨论的主角

B. 只有在明确讨论主题时，我才会参加讨论

C. 除非我认为讨论的问题有价值，否则我不参加讨论

D. 我不喜欢在公众面前发言

E. 为了讨论问题而参加，但不愿当主角

11. 别人对我______。

A. 有很多人对我挺好的

B. 要么对我非常好，要么非常讨厌我

C. 如果做了有益的事，就会得到别人的好感

D. 只有真正了解我的人才对我好

E. 初次见面时，都对我不错，但后来就不行了

F. 虽然有些与我关系不错，但都不是真正的朋友

G. 全都不理解我

12. 谈论自己的失败时，我______。

A. 只要别人有兴趣听，我随时可以说出来

B. 谈到关于这方面的事情时，我顺便说出来

C. 我不想寻求同情，因此很少说出来

D. 怕被别人看不起，所以从来不说

13. 游泳或比赛中找对手时，我______。

A. 为了激励自己，要找比自己强的对手

B. 找实力相当的对手

C. 不想输，所以找比自己弱的选手

D. 不管自己实力如何，都要找优秀的对手

14. 为了给别人留下好印象，我______。

A. 想出各种办法，并且花一定时间准备和练习

B. 虽然不特意努力，但如果有机会也不放过

C. 只拿出少部分时间去准备

D. 虽然总想给别人留下好印象，但却不知如何去做

E. 不在乎是否给人留下好印象

15. 如果和好朋友吵了一架，我______。

A. 很长时间不想理他(她)

D. 等待他(她)主动和我说话，才与他(她)和好

C. 虽然想与他(她)和好，但却不好意思先开口

D. 找机会主动和他(她)说话

E. 找到发生冲突的原因，主动找他(她)澄清误会，解决矛盾

附录八　意志品质自测简易量表

1. 我很喜欢长跑、爬山等体育运动，因为它们能锻炼我的意志力。

A. 很同意　　B. 较同意

C. 说不准　　D. 不大同意

E. 不同意

2. 我给自己订的计划会因为主观原因不能如期完成。

A. 常常　　B. 有时

C. 偶尔　　D. 很少

E. 从不

3. 如果没有其他原因我要每天按时起床，不睡懒觉。

A. 很同意　　B. 较同意

C. 说不准　　D. 不大同意

E. 不同意

4. 订的计划应有一定的灵活性，如果完成计划有困难随时可以改变或撤销它。

A. 很同意　　B. 较同意

C. 无所谓　　D. 不大同意

E. 不同意

5. 在健身和娱乐发生冲突时，哪怕这种娱乐很有吸引力，我也会马上决定去锻炼。

A. 常常　　B. 有时

C. 偶尔　　　　D. 很少

E. 从不

6. 学习或工作中遇到困难时，最好的办法是立即向师长或同学求援。

A. 很同意　　　　B. 较同意

C. 无所谓　　　　D. 不大同意

E. 不同意

7. 在练长跑时遇到生理反应，觉得跑不动时，我会咬紧牙关，坚持到底。

A. 常常　　　　B. 有时

C. 偶尔　　　　D. 很少

E. 从不

8. 我会因读一本引人入胜的小说而不能按时睡眠。

A. 常常　　　　B. 有时

C. 偶尔　　　　D. 很少

E. 从不

9. 我在做一件应该做的事之前，常能有目的的去做。

A. 常常　　　　B. 有时

C. 偶尔　　　　D. 很少

E. 从不

10. 如果对一件事不感兴趣，那么不管它是什么事，我的积极性都不高。

A. 常常　　　　B. 有时

C. 偶尔　　　　D. 很少

E. 从不

11. 当我同时面临一件该做的事和一件不该做却吸引我的事时，我能坚持先做该做的事。

A. 是　　　　B. 有时是

C. 时有时无　　　　D. 较少

E. 没有

12. 有时我躺在床上，下决心第二天要干一件重要的事情(如锻炼身体)，但第二天这种劲头又消失了。

A. 经常有　　B. 较多

C. 时有时无　　D. 较少

E. 没有

13. 我能长时间做一件重要但枯燥无味的事情。

A. 是　　B. 有时是

C. 时有时无　　D. 较少

E. 没有

14. 生活中遇到复杂情况时，我常优柔寡断，举棋不定。

A. 经常有　　B. 较多

C. 时有时无　　D. 较少

E. 没有

15. 做一件事之前，我首先想到的是它的重要性，其次才是它是否使我感兴趣。

A. 是　　B. 有时是

C. 时有时无　　D. 较少

E. 没有

16. 我遇到困难时常希望别人帮我拿主意。

A. 是　　B. 有时是

C. 时有时无　　D. 较少

E. 没有

17. 我决定做一件事时，常常说干就干，绝不拖延或让它落空。

A. 是　　B. 有时是

C. 时有时无　　D. 较少

E. 没有

18. 在和别人争吵时，虽然明知不对，我却忍不住说一些过头话，甚至骂他几句。

A. 是　　B. 有时是

C. 时有时无　　　　D. 较少

E. 没有

19. 我希望做一个坚强有毅力的人，因为我深信“有志者事竟成”。

A. 是　　　　B. 有时是

C. 时有时无　　　　D. 较少

E. 没有

20. 我相信机遇，好多事实证明，机遇的作用有时大大超过人的努力。

A. 是　　　　B. 有时是

C. 时有时无　　　　D. 较少

E. 没有

附录九　中学生身体素质测验表

施测次数		第一次施测		第二次施测		第三次施测	
测试内容		中学生身体素质测验					
测量结果		成绩	等级	成绩	等级	成绩	等级
	50 米						
	800 米/1000 米						
	立定跳远						
	引体向上/仰卧起坐						

附录十　体育与健康教学反馈表(教师用)

学校：______　　　　姓名：______

1. 校领导对体育与健康干预教育的态度是：

(1)勉强同意　　(2)同意　　(3)很支持

2. 班主任老师对您上这门课的态度是：

(1)勉强同意　　(2)同意　　(3)很支持

3. 您认为通过参加体育与健康教育活动对您今后的教学工作有帮助吗?

(1)没有　　(2)很少　　(3)有一些　　(4)帮助很大

4. 您是否打算今后在您所教的班级中继续对学生进行心理健康教育?

(1)否　　(2)是

5. 您对干预教育的总体评分是:

内　容	差	较差	一般	较好	好
(1)教学内容符合学生需要	1	2	3	4	5
(2)教学方法叙述清楚	1	2	3	4	5
(3)教学组织形式灵活多样	1	2	3	4	5
(4)教学设计可操作性强	1	2	3	4	5
(5)时间安排合理	1	2	3	4	5

6. 通过一年半的教学,总体来讲,您认为其教学效果:

(1)不太好　　(2)一般　　(3)较好

7. 教学效果可以通过学生的哪些方面表现出来? (请您列举3～5个方面):

8. 请列出在干预教育过程中,您遇到的最大的困难依次是(请您列举3～5个方面):

9. 请您列出您认为开展好体育与健康教育,最重要的因素依次是(请您列举3～5个方面):

附录十一　体育与健康教育评价表(学生用)

学校______　年级______　班级______　填表日期______

同学，你好！体育与健康教育课已经上了一学期了，请你对教育教学的基本情况做出综合评价。谢谢！

教学内容

1. 总体而言，这门课的教学内容对你的学习、生活是否有帮助？

(1)很少　(2)较少　(3)有一些　(4)较大

(5)很大

2. 你对这学期体育课的内容是否感兴趣？

(1)不感兴趣　(2)不太感兴趣(3)一般　(4)感兴趣

(5)很感兴趣

3. 你对教学内容的总体评分是(满分为10分)：______。

4. 给你印象最深刻的三项技术课教学内容是：______、______、______。

5. 给你印象最深刻的三次理论课教学内容是：______、______、______。

教学方法

1. 你认为同学们在上课时主动参与教学的机会：

(1)很少　(2)较少　(3)有一些　(4)较大

(5)很大

2. 你喜欢哪些活动方式？

(1)案例分析　(2)角色扮演　(3)体育比赛

(4)看其他同学表演小品　(5)运动参与

(6)小组讨论　(7)健康快车　(8)游戏

(9)课内外小调查

3. 老师上课时，你喜欢老师(可多选)

(1)多举实例　(2)采用多媒体讲理论课

(3)多给同学发言的机会　　　　(4)介绍新兴体育项目

(5)多给同学组织活动的机会

(6)其他

4. 你是否积极参与课上和俱乐部的活动?

(1)不积极　　　　(2)不太积极　(3)有时积极　　(4)比较积极

(5)很积极

5. 你对教学方法的总体评分是(满分为10分)：______。

教学授课

你对教师在以下几方面的评分是(各项满分10分)

名　称	要求	具体条件	得分
教学目标	确切度	教学目标明确具体，切合实际	
教学内容	科学性	讲授技能、知识清晰，内容新颖，结合教学内容渗透心理健康教育，培养学生良好习惯	
	教育性		
教学过程和方法	合理性	整体设计合理，重点突出，抓住关键，教学形式、方法、手段符合内容需要	
	针对性	因材施教、及时反馈，练习项目并有层次、有梯度，练习方法和强度安排适当	
	启发性	精心设问，指导得法，调动学生学习的积极性，激发学生兴趣	
教学基本素养	教学组织	准备充分，纪律良好，有应变能力	
	教学民主	教态自然，尊重学生，气氛融洽	
	语言与示范	语言精练，用词准确，讲普通话；示范动作准确，示范位置适当	

续表

名　称	要求	具体条件	得分
教学即时效果	双基能力	按时完成教学任务，学生基本掌握基本知识和基本技能，学习能力得到培养	
	情意发展	学生注意力集中，思维活跃，反映良好，师生配合默契	

其他

1. 总体而言，你是否喜欢上这门课？

(1)不喜欢　　(2)不太喜欢　　(3)一般　　(4)喜欢

(5)很喜欢

2. 通过一学期的体育与健康课程的学习，你是否有所收获：

(1)没有　　(2)较少　　(3)有一些　　(4)较大

(5)很大

3. 你对这学期的体育与健康课还有哪些意见和建议？

附录十二　目标人群访谈提纲

学生组

目的：了解干预教育前、干预教育后及回测时，学生对体育与健康教育的看法，以及他们对心理健康教育的认识和态度。

(干预前)

1. 你认为中学生心理健康问题普遍吗？主要反映在哪些方面？
2. 你对现在的体育课有哪些看法？
3. 你们学校的青少年体育俱乐部都开展哪些活动？你有什么感受？

4. 你通过哪些途径获取体育或健康知识？

5. 你希望体育课应当怎样上？

(干预后)

1. 你怎样看待这学期的体育与健康课？你认为应该增加或减少哪些内容？

2. 你是否喜欢这门课的教学方式？为什么？

3. 你认为这门课对你的学习、生活有帮助吗？

4. 你最大的收获和(或)体会是什么？

5. 哪几次健康讲座给你留下的印象最深？为什么？

6. 你对课上采用的哪些教学方法或内容最感兴趣？为什么？

7. 你认为这学期的体育与健康教育对改善和调节你的心理状态有好处吗？

8. 你心目中的理想的体育教师是什么样的？

9. 你对这门课还有哪些意见和建议？

(回测时)

1. 你现在能够按照上学期体育课的要求继续坚持锻炼吗？

2. 你们班里的同学能够自觉积极地参加体育锻炼吗？

3. 你在心理方面(压力、情绪、意志、自信、社会适应或交往)有哪些改变？原因是什么？

教师组

目的：了解干预教育前、干预教育后及回测时，教师(包括教育行政部门、学校领导、班主任、学校教育巡视员、实验课教师及其他相关学科教师)对开展以新课程标准为指导的体育与健康教育的看法和建议。

(干预前)

1. 您能不能谈一下我市(或您所在学校)中学生心理健康教育的情况？

2. 您认为现在的学生中主要存在哪些心理问题？您是怎样看待这些问题的？

3. 您怎样看待当前的体育教育和教学？

4. 您认为在体育课中渗透和应用心理健康的教学方法对学生身心发展是否有意义和价值？

5. 您对我们开展体育与健康干预教育有哪些建议和意见(包括课程的内容、教学方式、教师能力和课外体育活动、青少年体育俱乐部等)？

(干预后)

1. 您觉得这学期的干预教育结束后，学生们的前后有变化吗？在哪些方面(如学习成绩、课上表现和工作能力、身体心理等)？

2. 您认为这学期青少年体育俱乐部的活动组织的怎么样？您还有哪些建议和意见？

3. 您对《体育与健康》课程改革有哪些看法？您认为推行新课程标准的主要困难是什么？动力是什么？

4. 您对这学期的体育教育教学还有哪些意见和建议(教学内容、教学方法、组织方法、青少年体育俱乐部活动等的优缺点及修改意见)？

(回测时)

1. 您认为干预教育对改善学生的心理健康状况是否具有良好的后续作用？表现在哪些方面？

2. 您认为学生出现心理行为问题的主要诱因有哪些？如何进一步预防和教育？

3. 我们目前针对改善学生的心理健康状况有没有进一步的安排和考虑？

家长组

目的：了解干预教育前、干预教育后及回测时，家长对体育与健康知识、信念、行为的认知和参与情况，以及他们对体育教育改善学生心理健康的态度和认识。

(干预前)

1. 您认为处在青春期的青少年容易出现哪些心理、行为问题？主要反映在哪些方面？您的孩子怎么样？

2. 您认为对于处在青春期的青少年应如何教育和引导？

3. 您是否赞成我们对学生进行心理健康教育？您对我们的干预教育有什

么要求或建议？

4. 您的孩子在学校上了体育课后，和您交流过吗？一般谈论什么内容？对孩子的建议您一般采取什么态度？

5. 您通过哪些途径获取体育或健康知识？

(干预后)

1. 您孩子是否和您提到这学期的体育与健康课？主要谈论过哪些内容？对孩子的建议您一般采取什么态度？

2. 您怎样看待我们对学生进行的体育与健康教育？

3. 您觉得您孩子在接受干预教育后心理和行为是否有变化？主要表现在哪些方面？您认为这种教育方式对孩子的学习、生活有帮助吗？

4. 您对我们的教育教学活动还有哪些意见和建议？

(回测时)

1. 您认为干预教育对改善您孩子的心理健康状况是否具有良好的后续作用？表现在哪些方面？

2. 您孩子现在能够按照上学期体育课的要求继续自觉坚持锻炼吗？

3. 您认为毕业班学生的主要心理压力有哪些？您是否采取措施进行帮助和疏导？

4. 您对我们的教育还有哪些要求和建议？

参考文献

[1]岑国真．中小学生的心理与辅导[M]．南宁：广西人民出版社，2003.

[2]陈安福．中学心理学[M]．高等教育出版社，1993.

[3]陈光磊．从心理健康标准看学校心理辅导[J]．菏泽师专学报，1999(1).

[4]陈会昌．意志品质自测简易表[J]．大众心理学，1985(4).

[5]陈会昌．自尊心：平稳度过少年期的重要条件．陈会昌教育网站，2002．12.

[6]陈建继．对大中小学生气质、心理适应性和意志品质的测试分析[J]．体育科学，1993．13(1).

[7]陈建文．青少年社会适应的理论与实证研究：结构、机制与功能．西南师范大学博士论文，2001．6.

[8]陈立．行动研究[J]．外国心理学，1984(3).

[9]答会明．大学生自信、自尊、自我效能与心理健康的相关研究[J]．中国心理卫生杂志，2000(4)：227-228.

[10]董齐、陶沙．动作与心理发展[M]．北京：北京师范大学出版社，2002.

[11]冯永熙．心理健康教育与素质教育[J]．中学教育，1998．9.

[12]傅林．中学心理健康教育模式刍议[J]．四川师范学院学报，1999(2).

[13]高觉敷主编．西方心理学的新发展[M]．北京：人民教育出版社，1987．2.

[14]国际21世纪教育委员会．教育——财富蕴藏其中[M]．

北京：教育科学出版社，1996. 12版.（前言）P2-3.
[15]国家教育委员会、卫生部. 中小学健康教育基本要求[J]. 中国健康教育，1993. 9(7).
[16]郝德永. 课程研制方法论[M]. 北京：教育科学出版社，2000.
[17]何景琳. 农村小学健康教育研究及模式探讨. 北京医科大学博士学位论文，1994.
[18]胡清芬. 走向心理健康：学校篇[M]. 北京：华文出版社，2002. 2.
[19]胡胜利. 高中生心理健康水平及其影响因素的研究[J]. 心理学报，1994(2)：153.
[20]黄敬亨. 健康促进计划设计[M]. 上海：上海医科大学出版社，1994.
[21]黄敬亨. 健康教育学[M]. 上海：上海医科大学出版社，1997.
[22]黄择香. 心理健康调查表的研究及应用[J]. 美国中华行为医学杂志，1997(1).
[23]季成叶. 中国青少儿生长发育现状及趋势和干预建议[J]. 中国学校卫生，2003(2)：1-4.
[24]季浏等. 当代运动心理学[J]. 重庆：西南师范大学出版社，1994.
[25]季浏. 体育与健康[M]. 上海：华东师范大学出版社，2001.
[26]季浏. 中小学体育与健康课程标准的主要特征是什么[J]. 中国学校体育，2002(3)：89.
[27]贾伟廉. 健康教育学[M]. 北京：人民卫生出版

社，1988.
[28]江光荣. 关于心理健康标准研究的理论分析[J]. 教育研究与实验，1996.
[29]蒋传发等. 中学生心理健康教育的实验研究[J]. 中国临床心理学杂志，2001.9(1)：38-39.
[30]教育部、体育总局、卫生部、国家民族事务委员会、中国学生体质健康标准研究课题组. 2000年中国学生体质与健康调研报告[M]. 北京：高等教育出版社，2002.
[31]教育部、体育总局、学生体质健康标准研究课题组. 学生体质健康标准(试行方案)解读——为了每一位学生的健康[M]. 北京：人民教育出版社，2002.
[32]荆其诚. 现代心理学发展趋势[M]. 北京：人民出版社，1990.
[33]瞿葆奎. 日本教育改革[M]. 北京：人民教育出版社，1991.
[34]李臣之. 行动研究若干问题探讨[J]. 教育科学论坛，1995(5).
[35]李东石等. 高中生心理健康状况与影响因素的相关性研究[J]. 美国中华心身医学杂志，1998. 2(1)：57-59.
[36]李国庆，康爱成，顾成美. 论健康教育中"知而不行、行而不知"现象[J]. 中国健康教育，1999(8).
[37]李林等. 身体锻炼的心理效应研究综述[J]. 湖北体育科技，1998(2).
[38]李林等. 运动处方与锻炼的心理效应[J]. 体育与科学，1998(2).
[39]李凌等. 中小学生心理健康公众观的调查和分析[J]. 心

理科学，2000(5).
[40]李树珍. 中学生心理与教育[M]. 北京：光明日报出版社，1987.
[41]李伟胜. 实验研究指导[M]. 北京：教育科学出版社，2002.
[42]李焰，王极盛. 焦虑理论研究回顾与进展[J]. 健康心理学，1999(2).
[43]李焰，王极盛. 中学生心理健康干预报告[J]. 健康心理学，2002(1).
[44]林崇德. 品德发展心理学[M]. 上海：上海教育出版社，1990.
[45]林琬生. 学校卫生科研论文的撰写方法[J]. 中国校医，1996(6)：480.
[46]刘建国，李艳群. 义务教育课程标准实验教科书《体育与健康》(7—9 年级)[M]. 河北教育出版社，2003. 6.
[47]刘贤巨等. 高中生抑郁情绪及其影响因素调查[J]. 中国心理卫生杂志，1991(1)：24.
[48]刘毅，张华. 自尊问题研究述评[J]. 西北师大学报，1998(2)：60－66.
[49]毛振明. 探索成功的体育教学[M]. 北京：北京体育大学出版社，2001.
[50]毛振明. 体育教学科学化探索[M]. 北京：高等教育出版社，1999.
[51]毛振明. 体育课程与教材新论——面对传统与权威的思索[M]. 沈阳：辽宁大学出版社，2001.
[52]毛志雄. 不同性质的学习活动与智力发展水平的研究[J].

四川体育科学，1992(1).
[53][美]Richard A. Windsor. 健康促进与健康教育计划的评价[M]. 上海医科大学出版社，1991.
[54]邱丙武，王极盛. 中学生抑郁与学校生活适应的关系[J]. 健康心理学，1999(5).
[55]曲宗湖. 新中国学校体育 50 年回顾与发展[M]. 北京：北京体育大学出版社，2000.
[56]全国课程专业委员会秘书处. 21 世纪中国课程研究和改革发展[J]. 课程·教材·教法. 2000(6)：8—13.
[57]尚大光. 有效学校健康促进模式[M]. 北京体育大学出版社，2001.
[58]宋专茂，陈伟. 心理健康测量[M]. 广州：暨南大学出版社出版，1997.
[59]谭和平. 中学生心理健康量表编制研究[J]. 心理科学，1998. 21(5)：429.
[60]谭晓东. 社会医学与健康促进学[M]. 科学出版社，2000.
[61]唐晓音，任学锋. 我国健康教育的历史、现状与挑战[J]. 中国科技月报，2000(5).
[62]王长生. 关于体育运动与青少年学生心理健康关系的调查研究[J]. 学校体育科学，1997.
[63]王德深. 学生体质测试与评价[M]. 西安：陕西科学技术出版社，1991.
[64]王极盛. 高考成功的十大秘诀[M]. 北京：北京教育出版社，1997.
[65]王极盛，李焰，赫尔实. 中国中学生心理健康量表的编制

及其标准化[J]. 社会心理科学，1997. 4.
[66]王建平等. 简明心境量表(POMS)在中国的试用报告[J]. 心理学报，2000. 32(1)：110－114.
[67]王建平. 健康教育：世纪的呼唤[M]. 中国青年出版社，2001.
[68]王建平，李丽. 中学生心理健康指导丛书[M]. 北京：科学普及出版社，1998.
[69]王建中，樊富珉. 北京市大学生心理卫生状况调研[J]. 中国心理卫生杂志，2002. 16(5)：331－333.
[70]王希永. 北京中学生心理健康状况调查. 青年研究[J]，1999(9)：23－27.
[71]王雁等. 中学生心理健康现状的研究[J]. 天津师大学报(社科版)，1995(5)：37.
[72]王勇慧. 综述体育锻炼对心理的影响[J]. 山西师范大学体育学院学报，1996. 1.
[73]王占春. 新中国中小学体育教材建设与体育教学改革——课程教材研究 15 年[M]. 北京：人民教育出版社，1998.
[74]王振宇. 儿童心理发展理论[M]. 上海：华东师范大学出版社，2000.
[75]F. D. 沃林斯基著，孙牧红等译. 健康社会学[M]. 北京：社会科学文献出版社，1999.
[76]武梅. 走出应用心理量表临床诊断的误区[J]. 心理与健康. 2003(11)：4－6.
[77]谢如君，黄玉珊. 近十年我国学生体质状况调查研究[J]. 体育学刊，1999(6)：90－95.
[78]邢文华. 关于体质综合评价方法研究综述[J]. 体育科学，

1993(3)：31—33.
[79]邢文华，季成叶，廖文科．中国学生体格发育状况动态分析[J]．中华预防医学杂志，2002(2)：77—80.
[80]邢文华．体质测定的内容、方法及其分类[J]．北京体院学报，1982(4)：47—52.
[81]徐勇主编．青少年医学[M]．北京：中国科学技术出版社，1997.
[82]严迪英．健康促进干预——方法与应用[M]．北京：北京医科大学中国协和医科大学联合出版社，1999.
[83]阳泽．论新课程引发的教学控制问题[J]．教育研究，2003(2).
[84]杨功焕，王君涛，汪洋．健康促进——理论与实践[M]．成都：四川科学技术出版社，1999.
[85]杨宏飞．我国中小学心理健康研究的回顾[J]．中国心理卫生杂志，2001．15(4).
[86]杨年红，吴汉荣等．儿童少年心理问题干预研究及效果评价[J]．中国公共卫生，2000．16(9)：13.
[87]杨中华．试论教育实验的行动研究取向[J]．教育研究与实验，1991(4).
[88]姚本先．学校心理健康教育论纲[J]．教育发展研究，2001(9).
[89]于道中．体质健康与我国学生体质健康状况[J]．山东体院学报，1994(2)：7—14.
[90]于可红等．中国儿童、青少年体质测试研究综述[J]．中国体育科技，2001(11)：14—16.
[91]岳晓东，祝新华．中小学心理辅导实用理论与技巧[M].

北京：北京师范大学出版社，2003.
[92]张伯源．健康促进学校实施指导[M]．北京：北京大学出版社，1997.
[93]张承芬．学生心理健康教育[M]．北京：警官教育出版社，1997.
[94]张力为，毛志雄．体育锻炼与心理健康的关系(综述)[J]．广州体育学院学报，1995(4)：42－47.
[95]张力为，任未多．体育运动心理学研究进展[M]．北京：高等教育出版社，2000.
[96]张力为．体育科学研究方法[M]．北京：高等教育出版社，2002(12).
[97]赵连山．实施心理健康教育应注意的几个问题[J]．中国高等教育，2000.
[98]郑金洲．行动研究指导[M]．教育科学出版社，2002．8.
[99]郑日昌．学校心理卫生随谈之一——心理卫生教育[J]．中国心理卫生杂志，1988(5)：231.
[100]郑日昌．中学生心理诊断[M]．济南：山东教育出版社，1998．8.
[101]郑晓边等．大学生心理健康测评与干预[J]．教育研究与实验，2000．3.
[102]郑姚庆．学生社会适应能力的培养——论体育教学与学生社会化[J]．广州体育学院学报，2003(4)：111－113.
[103]中国学生体质调研组．中国学生体质与健康调查研究的数据处理[M]．北京：人民教育出版社，1987.
[104]中国学生体质与健康研究组．2000 年中国学生体质与健康调研报告[M]．北京：高等教育出版社，2002.

[105]中国学生体质综合评价研究组编. 中国学生体质综合评价方法及标准[M]. 北京：人民体育出版社，1989.
[106]中国学生体质综合评价研究组. 中国学生体质与健康研究[M]. 北京：人民体育出版社，1987.
[107]钟启泉，崔允漷，张华. 基础教育课程改革纲要(试行)解读[M]. 华东师范大学出版社，2002.
[108]钟启泉，崔允漷，张华. 为了中华民族的复兴，为了每一位学生的发展[M]. 华东师范大学出版社，2002.
[109]钟启泉. 新课程师资培训精要[M]. 北京大学出版社，2002.
[110]周凯，叶广俊. 生活技能教育对提高学生心理健康的干预研究[J]. 中国心理卫生杂志，2002(5)：323—326.
[111]朱敬先. 健康心理学[M]. 台北：五南图书出版公司，1992.
[112]祝蓓里. POMS量表及简式中国常模简介[M]. 天津体育学院学报，1995.
[113]祝新华等. 中学生心理素质教育的理论思考与实践探索[J]. 教育研究，1998(2).
[114]邹泓. 青少年的同伴关系发展特点、功能及其影响因素[M]. 北京：北京师范大学出版社，2003.
[115]Andrews，F. M. & McKennell，A. C. Measures of Self-reported Well-being. Social Indicators Research，1980(8).
[116]Andrew S，Butter N. Sports Partcipation and Emational Wellbeing in Adolescents. Lancet，1996(3)：178.
[117]Biddle S. Children. Exercise and Mentel Health. Int. J. Sport

Psychol，1993(24)：200-216.

[118]Carol D. Ryff and Corey Lee M. Keyes. The Structure of Psychological Well-Being Revisited. Journal of Personality and Social Psychology，1995(4)：719-727.

[119]Constitution of the World Health Organization. Chronicle Of the WHO，1947.

[120]Diener E. Subjective Well-being. Psychological Bulletin. 1984(95)：542-575.

[121]Egger G. Sark R. Lawson J. Health Protection Strategies Methods. Sydney：McGRAW-HILL Book Company，1990. P25.

[122]Fox，K. R. (Ed.，1997). The physical self—From motivation to well being. Champaign，IL：Human Kinetics.

[123]Gauvine L. & Rejeski W. J. The Exercise-Induced Feeling Inventory：Development and Initial Validation. J. of Sport & Exercise Psychol，1993(15)：403-423.

[124]Glanz K，et al. Social Learning Theory and the Health Belief Model. Health Education Quarterly，1988(15)：175.

[125]Harter，S. The Self-perception Profile for Children(manual). Denver，CO：University of Denver，1985.

[126]Robin Bunton and Gordon Macdonald. Health Promotion：Disciplines and Diversity. Routledge Press，1992.

[127]Hossain，Shaikh I. Tackling Health Transition in China. World Bank Working Paper，1996. www. worldbank. org

[128]Jeffery-RW，French-SA，et al. Stage of change as a predictor of success in weight control in adult women. Health-Psychol，1999(5)：543—546.

[129]Kagan J， et al. Validity of children's self-reports of psychological qualities. In： Maher Bed. Progress in experimental personality research. New York： Academic Press， 1982(2)： 171-211.

[130] Kleine D. Sports Activity as a Means of Reducing School Stress. Int. J. Sport Psychol， 1994(22)： 366.

[131]Kolter， P. Roberto， E. The Social Marketing Approach to Social Change. [M]. The Free Press， New York. 1989.

[132] La Greca A. M. Through the eyes of the child—obtaining self-report from children and adolescents. Allyn and Bacon. USA， 2000.

[133]Lawton， D. The Politics of the School Curriculum. London： Routledge & Keganhul， 1980.

[134]Martinsen E. W. Therapeutic Implication of Exercise for Clinically Anxious and Depressed Patients. J. of Sport & Exercise Psychol， 1993(24)： 185-199.

[135]Nacey L. & Kenny M. . Adolescent Development. Second Edition. Brown & Benchark， 1997.

[136] National Institute for Educational Research. An International Camparative Study of School Curriculum. Tokyo， Japan， 1999.

[137]Oldenbourg. Health Promotion Policy in Europe， Oldenbourg， 1999.

[138]Ormrod， J. E. (1995). Educational psychology principles and applications. Columbus， OH： Merrill.

[139]Pate RR. Physical Activity and Public Health： a Recommendation from Centers for Disease Control and Ameri-

can College of Sports Midicine. JAMA，1995：273-402.

[140]Perz-CA，et al. Doing the Right Thing at the Right Time? The Interaction of Stages and Processes of Change in Successful Smoking Cessation. Health-Psychol，1996(6)：462-468.

[141] Perry CL，et al. Parent Involevement with Children' Health Promotion：The Minnesota Home Team. American Publish Health，1988(7)：1156.

[142] R. Eraig Lefebvre. Social Marketing and Public Health Intervention. Health Education Quarterly，1988. 15 (3)：299.

[143]Rostad F. G. & Long B. C. Exercise as Coping Strategy for Stress：A Review. Int. J. Sport Psychol. 1996(27)：197-222.

[144] R. S. Downie，et al. Health Promotion：Models and Value. Oxford University Press，1996.

[145]Russell R. Chartes BC. Physical Education and Its Role in School Health Promotion. Jounal of School Health，1997(10)：445.

[146] Shavelson，R. J. & Bolus R. The Interplay of Theory and Methods. Journal of Educational Psychology. 1982 (1)：3-17.

[147] Stepoe A. etal.. Exercise and Respensivity to Mentel Stress：Discrepancies Between the Subjective and Physiological Effects of Aerobic Training. Int. J. Sport Psychol，1993(24)：110-129.

[148]The Child-to-Child Trust. http：//www. child-to-child. org/

[149]The Club of Cologne. Health Promotion and Physical Activity. World Health Organization，1994.

[150] Tucker L. C. Physical Fitness and Psychological Distress. Int. J. Sport Psychol，1990(21)：185-201.

后　记

二十余年的求学生涯，使我感慨颇深。经历了国家全日制教育的所有阶段，我深刻体会到寒窗苦读的意蕴，也真正理解了“学无止境”的深刻内涵。此刻，一个个给予我帮助和支持的人一一映入眼帘，涌上心头……

首先，我要感谢我的博士生导师邢文华教授，衷心地道一声：谢谢您！您曾说过：“世界是我们的。”正是您给了我宝贵的今天和美好的未来。邢老师在我选题、实验设计及成文的整个过程中给予了大力的支持和鼓励。导师认真审阅了我的博士论文，提出了宝贵的修改意见。导师和师母李兆华女士在学业、工作、生活等各个方面，都给予了我无私的帮助和热情的支持。现在，我只想说一句话：“感念师恩。”

在撰写论文期间，北京大学林琬生教授、季成叶教授，首都体育学院周登嵩教授，北京体育大学张力为教授、梁承谋教授、苏丕仁教授、祁国鹰教授、毛志雄副教授为本研究提供了极大的帮助和指导，在此表示深深地敬意和诚挚地感谢！

国家体育科学研究所王梅副研究员为我提供了大量的国外书籍和文献资料；华夏心理网的陈保军老师毫无保留地为我提供了《个人评价问卷》和《中学生心理健康量表》的使用手册；苏州大学的蔡赓博士为我提供了《锻炼感觉量表》的翻译稿。真诚地感谢各位师长！

我的师姐张瑛秋教授、师兄张一民教授、石岩教授对我的论文提供了大量的帮助。感谢我的师兄王荣辉、席翼、曹景伟、罗智、李岩，师姐张岚、任弘及邢老师的博士生们在学业和生活中给我的帮助和支持。

感谢我的硕士生导师、河北师范大学刘志红教授对我的热诚帮助和大力支持。感谢河北师范大学体育学院赵斌院长、刘建国教授、何玉秀教授、崔景辉老师、河北体育学院付丽敏老师在我做实验期间提供的大力支持和无私帮助；感谢河北师大的研究生同学冒着酷暑为我一一录入并核对数据；感谢路建华老师、王振涛老师、栗刚老师及河北师大附中、石家庄市九中、四十中的老师、学生和家长；感谢河北省教委、石家庄市教委的领导在实验、访谈和问卷施测中给予的大力支持。

我还要感谢我的亲人们。我的父母不仅给了我生命，而且教我“正直做人，认真做事，宽厚待人”。他们的爱是我巨大的精神支柱。每当我懈怠时，想起苍苍白发的父母，我都会咬紧牙关，努力向前。感谢我的姐妹对我的支持和关爱，她们是我生活上的知己和心灵的依托，人生能有姐妹实在是太幸福了。感谢我的爱人吕冠军博士，我的博士论文他不厌其烦地帮我校稿，每天陪我到深夜，他是我身后的大山，我的益友。

最后我要衷心感谢 2001 级博士班的所有同窗。尽管我们人生历程迥异，也天各一方，但友谊地久天长。我们曾同欢乐、共患难，一起度过了风风雨雨的青春岁月。步入体大校门时恍如昨日，毕业后想起他们充满无限留恋。这些难忘的岁月将伴我一生。

真诚感谢所有帮助和支持我的师长、学友、亲友和朋友，恕我无法一一致谢，在此表达我诚挚的谢意。

转眼间，博士毕业已经八年。令我喜悦的是，在 2004 年博士论文收笔时，我国学生体质研究还多以调研分析为主，而现在学生体质与健康的干预和实验已经成为我国学生体质研究的重要分支。我的博士论文也被大量的引用和转载。

回望求学生涯，无限留恋与温馨涌入心田。难忘体大美丽的校园和舞动的青春，难忘导师和师母视如己出的教诲，难忘父母期盼的目光和蹒跚的身影，难忘学友热情互助和悉心关怀……我将会把这份眷恋化为把握未来、不断进取的决心和勇气，继续投身于学生体质与健康研究中去，以无愧母校培养、导师教诲和父母期望！